Bruno Liebaug
... und man fährt trotzdem weiter

Bruno Liebaug

... und man fährt trotzdem weiter

Erschreckendes und Satirisches über den Kraftfahrzeugverkehr

Verlag Liebaug-Dartmann

Copyright © by Hildegard Liebaug-Dartmann
Niederkassel 1981
Gesamtherstellung: Hennemann, Bonn
Printed in Germany
ISBN 3—922989—00—4

Inhalt

Einleitung	7
1. Der Weg ins Verkehrschaos	9
2. Benachteiligte im Verkehr	23
Übung Nr. 1: ICH bin wichtig	44
3. Die Folgen eines Unfalls	46
4. Energiehunger und Benzindurst	54
5. Das Auto als Umweltverschmutzer	66
Übung Nr. 2: Ich bin für Umweltschutz	78
6. Lärm und seine Folgen	82
7. Autoreklame	89
8. Erziehung zum Autofahrer	102
9. Die Liebe zum Auto	121
Übung Nr. 3: Fast eine Moritat	132
10. Verkehr und Gesellschaft	133
11. Menschenrechte in einer automobilen Gesellschaft?	149
Übung Nr. 4: Mein Recht auf freie Selbstentfaltung	155
12. In der Sackgasse angelangt?	157
Anmerkungen	165
Literatur	170

Einleitung

Die Zeit, in der Auto und Individualverkehr unantastbar waren, ist vorbei — so scheint es, wenn man in Rundfunk und Presse Berichte über Energiekrise, Umweltverschmutzung und Unfälle liest. Aber ist sie es wirklich?

»Fahr' mal wieder Rad«, ist die Parole, Wandern und Jogging sind modern. Selbst passionierte Autofahrer, Moderatoren von Verkehrssendungen des Fernsehens und Vertreter der Automobilklubs setzen sich für den Bau von Radwegen und verkehrsberuhigten Zonen in den Städten ein, nachdem sie jahrzehntelang nur in Autobahnkilometern denken konnten. Die Mineralölkonzerne rufen zum Energiesparen auf, die Kraftfahrzeugindustrie will durch aufwendige Technik Unfälle vermeiden helfen, den Benzindurst der Wagen und ihre Emissionen senken. (Daß sie einst das Bleigesetz entschieden bekämpften, scheinen sie vergessen zu haben.) Woher die plötzliche Einsicht, fragt man sich. Weshalb fordern sie Mäßigung beim Einsatz des Pkws und vernünftige Fahrweise, warnen vor Unfallgefahren und weisen auf öffentliche Verkehrsmittel hin? Aus purer Menschenliebe?

Das sicher nicht. Doch seit dem Unfallrekordjahr 1970 fürchtet die Industrie Änderungen der Verkehrsgesetze, die ihre Gewinne schmälern könnten, seit dem Winter 1973/74 sitzt den Autofahrern das Schreckgespenst »autofreies Wochenende« im Nacken. Also muß man zeigen, daß es auch anders geht, nämlich durch freiwillige Beschränkung von seiten der einzelnen Kraftfahrer und der Industrie. Die Pkw-Hersteller werben mit sicheren und sparsameren Wagen, die Automobilklubs mit der Vernunft der Autofahrer, die Mineralölindustrie mit ihrem ständigen Einsatz bei der Erforschung neuer Rohstoffquellen. Gemeinsam retten sie Kinder vor dem sicheren Tod durch großzügig unterstützte Verkehrserziehung — und was leisten die Autogegner?

Allen wird hierdurch eingetrichtert: Kompetente Stellen tun etwas. Man kann sich zufrieden in seinem Sessel zurücklehnen und wohlgemut einer Zukunft entgegensehen, in der die Unfälle weniger, der Verbrauch der Wagen geringer, die Luft besser und der Lärmpegel niedriger sein wird. Nicht der private Autoverkehr erzeugt den Werbekampagnen nach Schäden, sondern lediglich die Tatsache, daß die

Verbesserungsprogramme noch nicht weit genug gediehen sind, die in der Vergangenheit sträflich vernachlässigt wurden.

Indem die Anwälte des Autos durch ihren selbstlosen Einsatz für die Belange der Allgemeinheit sich den Heiligenschein aufsetzen und ihre Hände im Geld für Umweltverschmutzung und Verkehrserziehung reinwaschen, erkaufen sie für ihren Mandanten die Unantastbarkeit, deren Verlust sie öffentlich behaupten. Sie geben die Schäden durch den Kraftfahrzeugbetrieb zu, die sie jedoch unter hohem Aufwand zu verringern versuchen, mit beachtlichen Erfolgen, wie sie sagen. Gleichzeitig unterstreichen sie, daß wir alle ohne Auto nicht auskommen und das Fahrrad den Pkw nicht ersetzen kann. Doch während sie so die Kritiker des Autoverkehrs einlullen oder in Defensivhaltung drängen, überdeckt der Pkw-Verkehr unser Land immer dichter, und trotz aller »beachtlichen Erfolge« wird die Luft nicht besser, der Lärm nicht geringer und der Verkehr nicht harmloser.

Der Pkw als Massentransportmittel ist nämlich in einer Gesellschaft, in der sich 60 Millionen Menschen eine viertel Million Quadratkilometer teilen müssen, wegen seines Platzbedarfs und seines Einflusses auf die Umgebung auf Grund der hohen Geschwindigkeit und der Möglichkeit, fast jeden Ort heimsuchen zu können, ein denkbar ungeeignetes Verkehrsmittel. Auf einer Fläche von 500 mal 500 Metern (25 Hektar) können 60 Menschen leben, ohne sich gegenseitig zu behindern, fahren jedoch 25 von ihnen ein Fahrzeug der Grundfläche 6 Quadratmeter mit 50 Kilometer in der Stunde, gehören Behinderungen, Belästigungen und Gefährdungen zur Tagesordnung, selbst wenn die Motoren leise, die Fahrer vorsichtig und die Abgasmengen gering sind.

Wir leben heute in einem Land, in dem 60 Menschen und 25 Autos durchschnittlich eine Fläche von 500 mal 500 Metern bevölkern. Jeder ist Opfer dieses Zustands und spürt seine Nachteile, auch wenn man die Ursachen und Zusammenhänge vergißt. Das Auto greift in fast jeden Lebensbereich ein, ist wie eine Gottheit allgegenwärtig und wird nicht weniger gehuldigt. Die folgenden Kapitel sollen zeigen, wie sehr der Pkw unsere Gesellschaft prägt und was man alles dem motorisierten Straßenverkehr zu opfern bereit ist.

1. Der Weg ins Verkehrschaos

Verläßt man morgens um sieben in einigen Straßen unserer Städte das Haus, so schlägt einem ein Schwall stickiger und staubiger Luft entgegen. Es riecht nach Benzin und öligem Ruß, ohrenbetäubender Lärm schneidet jedes Wort vom Munde ab. Aus den Auspuffrohren der Wagen, die dicht hintereinander langsam vorwärts kriechen, schießen giftige Abgase hervor. Ein Hupkonzert in der Entfernung untermalt die langsame Hektik. Die Autoinsassen starren gelangweilt oder ungeduldig auf die Rücklichter der Vorherfahrenden und bemühen sich ängstlich, den Abstand nicht zu groß werden zu lassen, damit sich kein anderer von der Seite dazwischenschieben kann. Im stereotypen Rhytmus zeigen die Ampeln Grün, Gelb und Rot und bestimmen so den Takt des Anfahrens und Bremsens. In die eintönig grauen Häuserschluchten verirrt sich kein Vogel mehr, und auch die Menschen, soweit sie sich überhaupt auf die schmalen Stege am Rande der Fahrbahn wagen, flüchten schnell wieder in Türen und Einfahrten.

Zweimal täglich, fünfmal in der Woche, bricht der Verkehr auf vielen Straßen pünktlich zusammen. Von Jahr zu Jahr werden es mehr Autos, die sich über den Asphalt quälen und auf diese Weise die Geschwindigkeit der Schlange herabsetzen. Das Chaos auf den Straßen ist schon längst keine Erfindung billiger Zukunftsromane mehr, sondern Wirklichkeit.

Als vor etwa 100 Jahren die ersten Wagen mit Benzinmotoren gebaut wurden, ahnte niemand, wie sehr sich das Straßenbild der Städte auf Grund dieser Erfindung ändern sollte. Das erste Kraftfahrzeug, von Siegfried Marcus 1875 konstruiert[1], bestand aus einem einfachen hölzernen Gestell, das von einem schweren, langsam laufenden Explosionsmotor angetrieben wurde. Marcus meldete jedoch nie ein Patent auf seine Erfindung an und wertete sie auch nicht industriell aus.

Etwa ein Jahrzehnt später entwickelten Daimler und Benz unabhängig voneinander Wagen, die dem ersten schon bei weitem überlegen waren. Daimler baute seinen Motor in eine Kutsche ein, die er über eine Kurbel lenkte. Die Leistung des Gefährts lag bei etwa 1,5 PS. Der Rahmen des dreirädrigen Automobils von Benz war aus Gasrohren zusammengesetzt und leistete etwas weniger als 1 PS. Beide verstanden es, ihre Erfindung wirtschaftlich zu nutzen: 1890 entstand die Daimler Motoren Gesellschaft; im Jahre 1900 brachte Daimler als Spitzenleistung den »Mercedes« heraus, einen Wagen, der den heutigen Autos schon sehr ähnelte und mit seinen 35 PS 72 Kilometer in der Stunde zurücklegen konnte. Benz gründete 1899 die Firma Benz & Cie., die sich im Jahre 1926 mit der Daimler Motoren Gesellschaft zur Daimler-Benz AG zusammenschloß.

Zu Beginn wandte sich die Öffentlichkeit gegen die neue Art der Fortbewegung; man fühlte sich in seiner Sicherheit bedroht und durch das Knattern und den Gestank belästigt. Man ging sogar so weit, mit Steinen auf die Fahrzeuge zu werfen, und ein Leser schrieb im Jahre 1896 an die Tageszeitung »Le Journal« in Paris[2]:

»In den Pariser Straßen gibt es keine Sicherheit mehr, und da Ihre Polizisten melden, daß sie wehrlos seien, zeige ich Ihnen hiermit an, daß ich von morgen ab mit einem Revolver in der Tasche umhergehen und auf den ersten tollen Hund, der auf einem Automobil oder einem Benzin-Dreirad sitzt, schießen werde.«

Erst auf Grund der Automobilrennen, die ab 1894 stattfanden, begann sich die Öffentlichkeit für die Wagen zu interessieren, und der Widerstand nahm ab.

Zur damaligen Zeit war der Personenkraftwagen ein Luxusgut der wohlhabenden Oberschicht. Nur Unternehmen, die ungünstig zu Eisenbahnstationen lagen, schafften sich Lastwagen an. Die Verkehrsdichte war sehr dünn, so daß man Staus noch nicht kannte. 1910 befuhren die Straßen des Deutschen Reiches insgesamt 22 479 Motorräder, 24 639 Automobile und 2 823 Laster. Trotzdem tauchten schon die ersten Schwierigkeiten auf: Unfälle ereigneten sich ständig. Deshalb richtete man im gleichen Jahr beim Polizeipräsidium in Berlin eine »Sammelstelle für Nachrichten über Führer von Kraftfahrzeugen« ein. Personen, die vor allem wegen zu häufigen Alkoholgenusses und rücksichtslosen Fahrens auffielen, sollten hierdurch vom Steuer ferngehalten werden. 1958 ging diese Aufgabe ans neugegründete Kraftfahrtbundesamt in Flensburg über, in dem heute jeder fünfte Autofahrer ein Punktekonto hat[3].

Schon früh erkannte man, daß Autofahren nur Spaß macht, wenn man unbehindert von Fußgängern, Reitern und Radfahrern die Höchstgeschwindigkeit voll auskosten kann. So entstand der Gedanke, eine Straße nur für Kraftfahrzeuge einzurichten. 1909 wurde in Berlin die Automobil-, Verkehrs- und Übungsstraße GmbH gegründet, die von 1912 bis 1921 die erste Straße dieser Art, nach den Anfangsbuchstaben der Gesellschaft »Avus« genannt, in Berlin bauten. Diese Einrichtung diente weniger einer wirtschaftlichen Notwendigkeit als dem Vergnügen der Autofahrer.

Das eigentliche Autobahnzeitalter begann in Deutschland nach der Machtübernahme Hitlers im Jahre 1933. Von den 14 000 ursprünglich geplanten Kilometern Autobahn wurden bis zum Sommer 1942, als die Bautätigkeit wegen des Krieges eingestellt werden mußte, 3 860 Kilometer fertiggestellt, von denen 2 110 im Gebiet der heutigen Bundesrepublik lagen. Zum Vergleich dazu besitzen wir heute rund 7 000 Kilometer. Ziel war es, den Wettbewerb Straße - Schiene zugunsten des Straßenverkehrs nicht zuletzt unter militärischen Gesichtspunkten zu steuern und Arbeit zu beschaffen. Aber auch in anderen Ländern begann man, ein Autobahnnetz aufzubauen, und legte eine Voraussetzung für den heutigen Verkehrszustand.

Um die Jahrhundertwende war Autofahren noch so teuer, daß es sich nur Wohlhabende leisten konnten. Das änderte sich jedoch durch die Methoden der Massenproduktion. Im Jahre 1903 nahm die Ford Motor Company in den Vereinigten Staaten die Arbeit auf. Das Modell T, 1908 herausgebracht, entwickelte sich zum Verkaufsschlager, so daß der Preis in den folgenden vier Jahren von 850 auf 600 Dollar sank. Als die Nachfrage nicht mehr befriedigt werden konnte, ging man daran, die einzelnen Arbeitsschritte aufzuteilen. 1914 verließ in Fords Werk alle 40 Sekunden ein Wagen das Fließband.

Mit dem Volkswagen, den Ferdinand Porsche in den Jahren 1934 bis 1936 im Auftrag von Hitler konstruierte, begann auch in Deutschland die Massenproduktion. Erst durch sie wurde es möglich, zu niedrigen Preisen Fahrzeuge herzustellen, so daß sich ein größerer Teil der Bevölkerung einen eigenen Wagen leisten konnte.

Seit dem zweiten Weltkrieg stieg die Zahl der Autos in allen Industriestaaten stark an. 1952 gab es in der Bundesrepublik Deutschland nur

903 575 Personenwagen einschließlich der Krankenwagen und Kombis, womit bei einer Bevölkerung von etwa 49 Millionen weniger als jeder vierzigste über 18 Jahren einen Pkw besaß. Zwar befuhren damals die Straßen mehr Krafträder als heute, aber nur jeder zweiundzwanzigste konnte ein Motorrad sein eigen nennen. Bis 1975 verzwanzigfachte sich die Anzahl der zugelassenen Autos, so daß nun jeder dritte Erwachsene über eins verfügte. Ende 1978 gab es schließlich 21,6 Millionen Personenwagen, womit einer auf zwei Erwachsene zwischen 18 und 75 Jahren kam. Hiermit wurden alle Erwartungen übertroffen: 1975 schätzte man für das Jahr 1980 rund 20 Millionen und 22 Millionen für 1985[4].

Der Bau neuer Straßen konnte mit dem Pkw-Boom nicht Schritt halten, so daß der Verkehr ständig dichter wurde. 1952 zählte man auf einer Autobahn am Tag durchschnittlich 4 578 Wagen, 1970 waren es rund fünfmal so viele. Eine Bundesstraße befuhren 1952 täglich 1 640 Fahrzeuge, eine Landstraße 567, 1970 dagegen mehr als die dreifache Anzahl. Verteilte man alle Wagen gleichmäßig auf die Straßen, so hätte 1952 jeder 108 Meter Platz zur Verfügung gehabt, 1976 jedoch nur noch 22 Meter. Tabelle 1 soll die Entwicklung verdeutlichen.

Jahr	Kfz insgesamt	Pkw und Kombi	Krafträder
Mitte 1952	3,3 Mio	0,9 Mio	1,6 Mio
Mitte 1955	5,2 Mio	1,7 Mio	2,4 Mio
Mitte 1960	7,8 Mio	4,3 Mio	1,9 Mio
Mitte 1965	12,2 Mio	9,3 Mio	0,7 Mio
Mitte 1970	16,8 Mio	14,0 Mio	0,2 Mio
Mitte 1975	21,0 Mio	17,9 Mio	0,2 Mio
Mitte 1977	23,3 Mio	20,0 Mio	0,3 Mio
Ende 1978	27,6 Mio	21,6 Mio	

Tabelle 1: Die Anzahl der Kraftfahrzeuge von 1952 bis 1978[5]

1960 legte ein Personenwagen im Jahr durchschnittlich 16 300 Kilometer zurück, 1972 waren es nur noch 14 400. Seitdem schwankt die Zahl um 14 500. Obwohl das einzelne Auto im Mittel immer weniger fuhr, nahm die insgesamt zurückgelegte Strecke stark zu: von 110 Milliarden Kilometern im Jahre 1960 auf 266 Milliarden 1972.

Beachtet man, daß die Personenwagen zu rund 85 Prozent am Verkehr beteiligt sind, so wird klar, daß die momentane Situation auf den Straßen hauptsächlich den privaten Autos zuzuschreiben ist. Bisher wurden noch nicht einmal die zulassungsfreien Fahrzeuge wie Mofas berücksichtigt, die ebenfalls durch Lärm und Abgase das Leben in den Städten unerträglicher machen. Denn auch Jugendliche unter 18 Jahren ziehen es immer mehr vor, sich ohne körperliche Anstrengung fortzubewegen. Das Fahrrad, noch vor einem Jahrzehnt größter Wunsch der Heranwachsenden, wurde zum Teil durch das Mofa verdrängt. 1975 gab es hiervon rund 2 Millionen im Vergleich zu einer Million im Jahre 1968.

Im Gegensatz zum motorisierten Individualverkehr konnten die öffentlichen Verkehrsmittel kaum Zunahmen aufweisen: Während sich im Zeitraum von 1960 bis 1972 die zurückgelegten Kilometer im eigenen Wagen verdreifachten, erreichten Eisenbahnen keine, Busse nur eine Steigerung um 17 Prozent.

Daß diese Entwicklung nicht gerade die Lebensqualität in den Städten erhöht, liegt auf der Hand. Obwohl die Verkehrsgesetze dauernd verbessert, strengere Anforderungen an die Sicherheit der Fahrzeuge gestellt und die Straßen immer autogerechter gebaut wurden, verdoppelte sich von 1952 bis 1975 die Zahl der Verkehrstoten. In diesem Zusammenhang ist das Jahr 1970 mit über 19 000 Getöteten und 532 000 Verletzten besonders hervorzuheben. Dieser Rekord wurde bisher nicht gebrochen.

Der Grund, daß heute so viele Unfälle passieren, liegt vor allem an den hohen Geschwindigkeiten. Fußgänger bewegen sich mit 4 bis 8 Stundenkilometer, für kurze Zeit auch mit bis zu 20 km/h fort. Hierbei geschehen nur ganz selten Unfälle, die schwere Verletzungen nach sich ziehen. Durch die Erfindung des Fahrrads im Jahre 1813 durch den badischen Forstmeister Karl Freiherr von Drais wurden 15 bis 30 Kilometer in der Stunde ohne Pferd erreicht, kurzfristig auch bis zu 50

Stundenkilometer. Für diese schnellere Fortbewegungsart ist der Mensch nur noch bedingt geschaffen, Stürze und Zusammenstöße können zu schweren Verletzungen führen. Trotzdem kommen, sieht man zum Beispiel von Radrennen ab, nicht so große Schäden oder gar Todesfälle vor, wie man sie heute im Straßenverkehr antrifft. Erst durch die Erfindung des Kraftfahrzeugs kam der Mensch aus seinen natürlichen Geschwindigkeitsbereichen voll heraus. Ein Pkw von 50 PS hat etwa die Kraft von 250 Personen und erreicht ohne Schwierigkeiten 140 Stundenkilometer. Die meisten Wagen der Mittelklasse sind jedoch schneller. Für diese rasche Fortbewegungsart ist der Mensch körperlich, geistig und seelisch nicht geeignet, bei Unfällen, die mit wachsender Geschwindigkeit immer häufiger auftreten, sind die Verletzungen vielfach schwer oder tödlich.

Tabelle 2 gibt die Unfallentwicklung für die Bundesrepublik seit 1950 wieder. Hiernach kann man davon ausgehen, daß zur Zeit in den 1,5 Millionen Unfällen jährlich im Mittel 15 000 Menschen auf der Straße sterben, 150 000 schwer und 350 000 leicht verletzt werden. Bei einer Bevölkerung von etwa 60 Millionen und einer durchschnittlichen Lebenserwartung von 70 Jahren bedeutet dies, daß jeder fünfzigste Bundesbürger bei der derzeitigen Entwicklung durch den Verkehr sterben, fast jeder sechste einmal schwer und jeder zweite leicht verletzt wird. Darunter fallen noch nicht einmal die Verletzungen, die nicht angezeigt werden und daher auch nicht in der Statistik erscheinen. Da bei fast allen Unfällen mindestens zwei Personen beteiligt sind, werden von jedem bis zu seinem 70. Lebensjahr dreimal die Personalien von einem Verkehrspolizisten aufgenommen.

Bei den Fünf- bis Fünfundvierzigjährigen ist der Verkehrsunfall häufigste Todesursache, von den Männern, die im Alter zwischen 15 und 25 sterben, kommt jeder zweite im Straßenverkehr um. Selbst bei den Fünfundsechzig- bis Fünfundsiebzigjährigen ist noch in einem Prozent der Fälle das Auto schuld. In den anderen westlichen Staaten sieht es nicht viel besser aus.

Um diesen unhaltbaren Zustand zu ändern, verbessert man laufend die Straßenverkehrsgesetze und geht schärfer gegen Verkehrssünder vor. Daß diese Maßnahmen einen gewissen Erfolg aufweisen, kann man an Hand von Tabelle 2 begründen.

Jahr	Unfälle insgesamt (gerundet)	Unfälle m. Personenschaden	Getötete	Verletzte	davon schwer	davon leicht
1950	261 000		6 428	157 326		
1951	338 000		7 760	211 664		
1952	375 000		7 775	242 719		
1953	466 000	237 545	11 299	310 511	41,3 %	58,7 %
1954	524 000	253 286	12 071	334 961	40,3 %	59,7 %
1955	603 000	278 944	12 791	371 160	39,3 %	60,7 %
1956	664 000	288 817	13 427	383 145	40,0 %	60,0 %
1957	679 000	299 866	13 004	360 421	40,1 %	59,9 %
1958	752 000	296 697	12 169	358 044	38,6 %	61,4 %
1959	843 000	327 595	13 822	419 827	35,3 %	64,7 %
1960	990 000	349 315	14 406	454 960		
1961	1 030 000	339 547	14 543	447 927	30,7 %	69,3 %
1962	1 080 000	321 257	14 445	428 488	30,5 %	69,5 %
1963	1 115 000	314 642	14 513	424 298	30,6 %	69,4 %
1964	1 089 000	328 668	16 494	446 172	31,5 %	68,5 %
1965	1 100 000	316 361	15 753	433 490	30,6 %	69,4 %
1966	1 167 000	332 622	16 868	456 832	30,9 %	69,1 %
1967	1 1, 4 000	335 552	17 084	462 048	31,9 %	68,1 %
1968	1 180 000	339 704	16 636	468 718	31,5 %	68,5 %
1969	1 214 000	338 921	16 646	472 387	31,8 %	68,2 %
1970	1 393 000	377 610	19 193	531 795	30,9 %	69,1 %
1971	1 338 000	369 177	18 753	518 059	31,0 %	69,0 %
1972	1 381 000	378 775	18 811	528 527	31,4 %	68,6 %
1973	1 324 000	353 725	16 302	488 246	30,7 %	69,3 %
1974	1 219 000	331 000	14 614	447 142	31,3 %	68,7 %
1975	1 265 000	337 732	14 870	457 797	30,2 %	69,8 %
1976	1 418 000	359 694	14 820	480 581	30,6 %	69,4 %
1977	1 522 000	379 046	14 941	508 157	30,2 %	69,8 %

Tabelle 2: Unfallentwicklung seit 1950

1957 lag die Zahl der Getöteten um 3,15 Prozent unter dem Stand des Vorjahres. 1958 verringerte sie sich sogar um weitere 6,4 Prozent, obwohl zuvor jährlich 6 Prozent mehr auf der Straße umkamen. Während bis 1957 der Anteil der Schwerverletzten von der gesamten Zahl 40 Prozent betrug, nahm er seit 1958 ständig ab und erreichte 1961 etwa 31 Prozent, was bis heute geblieben ist. Diese günstige Entwicklung läßt sich dadurch begründen, daß 1957 die Geschwindigkeit in geschlossenen Ortschaften auf 50 km/h begrenzt wurde.

1910 setzte man in Deutschland zum ersten Mal eine Höchstgeschwindigkeit für Kraftfahrzeuge fest, hob sie 1934 auf und führte sie 1939 aus kriegswirtschaftlichen Gründen wieder ein. Sie betrug in geschlossenen Ortschaften für alle Fahrzeuge 40 Kilometer in der Stunde, auf Landstraßen für Personenwagen und Motorräder 80 und für Lastwagen 60 km/h. Nach Kriegsende gab die französische Militärregierung die Geschwindigkeit frei, die amerikanische setzte andere Werte fest und die britische beließ es bei der alten Regelung. Am 19. Dezember 1952 hob die Bundesregierung alle Begrenzungen mit Ausnahme für Laster über 2,5 Tonnen Gesamtgewicht auf[6]. Hiermit läßt sich das sprunghafte Ansteigen der Verkehrstoten zwischen den Jahren 1952 und 1953 um insgesamt 45 Prozent erklären. Ab 1. September 1957 durften schließlich alle Fahrzeuge in Ortschaften nicht schneller als 50 km/h fahren. Die Folgen waren, wie schon hervorgehoben, weniger Verkehrstote und weniger Schwerverletzte. Die Gesamtzahl der Unfälle wurde damit jedoch nicht eingedämmt, allerdings liefen sie innerorts glimpflicher ab.

Zwischen 1961 und 1962 nahmen sowohl die Zahl der Verkehrstoten als auch die der Schwer- und Leichtverletzten ab. Der Grund bestand darin, daß 1961 die neue Straßenverkehrszulassungsordnung (StVZO) in Kraft trat, die strengere Anforderungen an die Sicherheit der Kraftfahrzeuge stellte. Gleichzeitig führte man ein neues Überwachungsverfahren durch die Technischen Überwachungsvereine (TÜV) ein[7].

Nach 1964 wurden durch die »Zebranovelle« die Fußgängerüberwege besser gekennzeichnet, durch das »zweite Gesetz zur Sicherung des Straßenverkehrs« Verkehrsvergehen höher bestraft, Trunkenheit am Steuer nicht mehr als »Kavaliersdelikt« behandelt, die Höchststrafe für Übertretungen von 150,-- auf 500,-- DM heraufgesetzt und der Führerschein häufiger entzogen. Der Erfolg zeigte sich 1965 durch weniger Tote und Schwerverletzte.

Ab 1968 wurde es möglich, Verkehrsdelikte schneller zu ahnden und Verwarnungsgelder bis zu 20,-- DM zu erheben. Hierdurch verkürzte man die lange Zeit zwischen Fehlverhalten und Strafe, die dadurch wirksamer eingesetzt werden konnte. Als Folge gab es 1968 weniger Unfalltote als im Jahre zuvor und nur eine vergleichsweise geringe Zunahme 1969.

1971 trat die neue Straßenverkehrsordnung (StVO) in Kraft. Noch im selben Jahr sank daraufhin die Zahl der Unfälle. Im Juli 1973 folgte die 0,8 Promille-Grenze. Ein starkes Polizeiaufgebot führte zu Beginn scharfe Kontrollen durch. Etwa zur gleichen Zeit beschränkte man die Geschwindigkeit auf 130 Stundenkilometer für Autobahnen und 100 Stundenkilometer für Bundesstraßen in Form eines Großversuchs, der auf 3 1/4 Jahre befristet war. Durch diese beiden Maßnahmen läßt sich der Rückgang der Verkehrstoten und -verletzten nach 1972 erklären. Im ersten halben Jahr der Gültigkeit von »Tempo 100« starben 13 Prozent weniger als kurz zuvor auf den Straßen, für die die Beschränkung galt, wogegen auf den anderen sogar 13 Prozent mehr umkamen[7].

Diese Zusammenstellung zeigt, daß gesetzliche Maßnahmen den Straßenverkehr ungefährlicher, aber auch gefährlicher wie durch die Aufhebung aller Geschwindigkeitsbegrenzungen Ende 1952 machen können. Auf Grund dieser Ergebnisse empfahl die Forschungsgruppe »Entwicklung der Straßenverkehrsunfälle in der Bundesrepublik Deutschland 1970/71« unter anderem, die Höchstgeschwindigkeit in Wohngebieten und Schulbezirken außerhalb der Durchgangsstraßen auf 30 Kilometer in der Stunde zu beschränken. Diese Forderung leitete sie aus der Unfallentwicklung zwischen 1956 und 1960 ab. Ebenfalls forderte sie, auf allen Straßen einschließlich der Bundesautobahnen Höchstgeschwindigkeiten festzulegen, »um die gefährlichen Geschwindigkeitsdifferenzen zu verringern und dem Anreiz zur Ausnutzung der Spitzengeschwindigkeiten entgegenzuwirken.«[7]

Gerade Regelungen, die die Geschwindigkeit beschränken, rufen bei vielen Autofahrern Unmut hervor. Für einige ist es entscheidend, rasch und bequem am Bestimmungsort anzugelangen, andere müssen durch Rasen und heulende Motoren ihre Männlichkeit unter Beweis stellen. Die Statistik lehrt jedoch, daß schnelles Fahren nicht unbedingt auch schnelles Ankommen bedeutet, und daß Geschwindigkeitsrausch und Machtempfinden im Kraftfahrzeug für sich und andere tödlich enden können.

Während gezielte gesetzliche Maßnahmen einen günstigen Einfluß auf die Unfallentwicklung zeigen, beeinflußt sie konjunktureller Aufschwung negativ. Je mehr Geld jeder einzelne Autofahrer besitzt, um so mehr Verkehrsunfälle geschehen. Diese Tatsache läßt sich dadurch erklären, daß bei größerem Wohlstand teurere und damit schnellere Wagen gefahren werden, auch junge Leute sich ein Fahrzeug leisten können und einige eher ein Risiko eingehen, weil sie Schäden leichter verkraften können als bei schlechter Konjunktur[7]. Von 1967 bis 1970 stiegen Lohn und Gehalt besonders stark an und fielen danach wieder ab. Dieser Einfluß läßt sich in Tabelle 2 deutlich ablesen, denn 1970 gab es Verkehrstote wie nie zuvor. Der sogenannten Erdölkrise im Winter 1973/74 werden wohl auch einige Menschen ihr Leben verdanken.

Wie häufig Pkw-Fahrer an Unfällen beteiligt sind, hängt stark von ihrem Alter und davon ab, wie lange sie schon den Führerschein besitzen.Die 18- bis 25jährigen sind 2,3-mal sooft in Unfälle verwickelt wie andere Altersstufen. Darüber hinaus muß man berücksichtigen, daß aus dieser Gruppe noch sehr wenige fahren, weil nur ein kleiner Teil von ihnen einen eigenen Wagen besitzt. Bezieht man dies ein, so verhalten sich die 18- bis 19jährigen etwa 4,8-mal schlechter als der Durchschnittsfahrer im Verkehr, die 20- bis 22jährigen 2,3-mal und die 23- bis 25jährigen 1,8-mal schlechter. Mit 41 bis 50 Jahren liegt die Fahrqualität dagegen um 30 Prozent über dem Durchschnitt[8]. Mit steigendem Alter nimmt die Leistung jedoch wieder ab. Die Gründe für die unterschiedliche Fähigkeit liegen zum Teil in der Unreife junger Erwachsener, die zum ersten Mal in ihrem Leben das Machtgefühl auskosten können, 50 Pferdestärken und mehr zu steuern, und im Imponiergehabe vor anderen Jugendlichen. Leichtsinn fällt in diesem Alter mit fehlender Fahrpraxis zusammen. Bei den älteren Fahrern lassen Reaktionsfähigkeit und Sehkraft nach, was sich auf ihr Verhalten im Verkehr auswirkt.

Zwar sind Autofahrer mit über 70 Prozent am meisten an Unfällen beteiligt, sie selber werden jedoch bedeutend weniger als die anderen Verkehrsteilnehmer gefährdet, denn sie stellen nur 48 Prozent der Getöteten und 62 Prozent der Verletzten, wogegen die Fußgänger mit einer Unfallbeteiligung von 11 Prozent fast ein Drittel der Getöteten und 15 Prozent der Verletzten stellen. Innerorts sind die Verhältnisse noch ungünstiger für diese Gruppe; hier ist sogar jeder zweite Unfalltote ein Fußgänger, ihm folgen die Kraftwagenfahrer und -insassen mit 26 Prozent und danach die Radfahrer mit 12 Prozent. Hieraus läßt sich allerdings nicht ableiten, daß Autofahrer gefährlicher als Radfahrer leben, denn es sind ständig bedeutend mehr Personenwagen als Fahrräder unterwegs. Deutlich erkennt man die bekannte Tatsache, daß bei einem Unfall fast immer der schwächere Verkehrsteilnehmer den größeren Schaden trägt. Bei der momentanen Tendenz, immer schwerere und für die Insassen sicherere Fahrzeuge zu bauen, beachtet man nicht, daß dadurch Fußgänger und Radfahrer größeren Gefahren ausgesetzt werden. Denn schwerere Wagen richten bei schwächeren Verkehrsteilnehmern auf Grund physikalischer Gesetze größere Schäden als leichtere an. Die Automobilhersteller selber interessiert nur das, was der Kunde, also der spätere Insasse, wünscht, nämlich Komfort und Sicherheit im eigenen Wagen.

Einen großen Nachteil für die nichtmotorisierten Verkehrsteilnehmer bilden die sogenannten »Sicherheitswagen«, die zeitweise häufig gefordert wurden. Sie schützen zwar die Insassen vor den Unfallfolgen, gefährden aber Fußgänger um so mehr, weil die Fahrer im Bewußtsein größerer Sicherheit riskanter fahren. Leichte Wagen besitzen den Vorteil, daß sich die Fahrer vorsichtiger und weniger aggressiv verhalten, weil sie sich mehr ihrer eigenen Gefährdung bewußt sind. Es ist sogar statistisch belegt, daß die Unfallbeteiligung von der Hubraumklasse abhängt. Für das Jahr 1970 schätzt man, daß »400 Personenkraftwagen an Unfällen mit Getöteten weniger beteiligt gewesen wären, wenn der Unfallfaktor Hubraum ausgeschaltet werden könnte«[7].

Findet ein Unfall statt, so können unterschiedliche Gründe dafür vorliegen. Die Ursache kann bei den beteiligten Verkehrsteilnehmern, einem defekten Fahrzeug, dem Straßenzustand oder der Witterung liegen. 1974 trugen an den Unfällen mit Personenschaden
    in 81,2 Prozent der Fahrzeugführer,
    in 1,4 Prozent das Fahrzeug,
    in 11,7 Prozent der Fußgänger,
    in 4,0 Prozent die Straßenverhältnisse,
    in 0,9 Prozent die Witterungseinflüsse,
    in 0,6 Prozent ein Hindernis und
    in 0,2 Prozent andere Ursachen
die Schuld. Insgesamt führte also in 92,9 Prozent aller Fälle menschliches Versagen zum Unfall.

Das häufigste Fehlverhalten von Pkw-Fahrern ist zu schnelles Fahren. 1974 lag es in 23 Prozent der von ihnen begangenen Verstöße vor, die zu Personenschaden führten. Bei den Motorradfahrern wurde dieser Grund in 31 Prozent, bei den Bus- und Lkw-Fahrern in 16 Prozent aller Fälle angegeben. Ein Drittel aller Verkehrstoten, für die Autofahrer verantwortlich sind, starben wegen überhöhter Geschwindigkeit.

Wie beliebt schnelles Fahren ist, zeigen ständig die Tageszeitungen:

»Dreizehn allzu eilige Autofahrer erwischte die Duisdorfer Schutzpolizei am Mittwochvormittag bei einer Geschwindigkeitskontrolle auf der Bundesstraße 56. Und das innerhalb von knapp anderthalb Stunden. Den Tagesrekord stellte ein junger Mann aus Buschhoven auf: Trotz des Regenwetters brauste er mit über hundert Sachen an den Ordnungshütern vorbei. Die zulässige Höchstgeschwindigkeit auf der kurvenreichen Strecke beträgt 70 Stundenkilometer.

Kaum hatten die Beamten ihre Stoppuhren und Funksprechgeräte wieder eingepackt, zeigte sich, wie wichtig solche Kontrollen sind: Ein 43jähriger Autofahrer geriet mit seinem Wagen in einer regennassen Linkskurve ins Schleudern und prallte krachend gegen einen Baum. Mit einem Nasenbeinbruch, einer schweren Gehirnerschütterung und Platzwunden am Kopf wurde der Mann ins Krankenhaus gebracht.«
(Bonner General-Anzeiger vom 7. 7. 1978)

Überhöhte Geschwindigkeit liegt vor, wenn in Ortschaften mehr als 50 Kilometer in der Stunde gefahren wird oder der Fahrer schneller fährt, als es die Straßen-, Verkehrs-, Sicht- und Wetterverhältnisse sowie seine persönlichen Fähigkeiten und die Eigenschaften von Fahrzeug und Ladung erlauben, und sofern er nicht mehr innerhalb der übersehbaren Strecke halten kann (§ 3 StVO). Aus diesem Grunde ist die Höchstgeschwindigkeit von 50 Stundenkilometer auf vielen Straßen bedeutend zu hoch angesetzt. Gerade die Bestimmung, wann überhöhte Geschwindigkeit an einer bestimmten Stelle vorgelegen hat, wenn unter 50 gefahren wurde, bereitet große Schwierigkeiten. Es gibt nämlich hierfür keinen objektiven Maßstab, sondern es muß in jedem Fall erneut entschieden werden. Auf wenig befahrenen Straßen, in der Nähe von Schulen, Kindergärten und Spielplätzen hat der Fahrzeugführer jederzeit mit Kindern zu rechnen und sollte auch aus diesem Grund langsamer fahren, als es von den Straßenverhältnissen her eigentlich notwendig wäre. Viele Fahrzeugführer unterschätzen die Gefahr, können sich und ihren Wagen nicht genug einschätzen oder denken überhaupt nicht und fahren so, wie es ihnen Spaß macht.

In 17 Prozent aller Fälle nahm 1974 Nichtbeachten der Vorfahrt oder der Verkehrsregelung den zweiten Platz unter den Unfallursachen ein, gefolgt von Alkoholeinfluß in 12 Prozent. Auch hierfür lassen sich in Tageszeitungen Beispiele finden:

»Schwer verletzt wurde ein achtjähriger Radfahrer aus Hangelar auf der Rheinstraße. Eine Autofahrerin hatte die Vorfahrt des Radlers übersehen und war mit ihm zusammengeprallt.« (Bonner General-Anzeiger vom 18. 5. 1978)

»Zuviel Alkohol im Blut hatten auch jene beiden Autofahrer, die in der letzten Nacht zum Montag vom rechten Weg abkamen. Der eine geriet beim Abbiegen von der Pützstraße in die Mechenstraße ins Schleudern und prallte gegen ein Steinkreuz. Der andere streifte an der Friedrich-Ebert-Allee ein Verkehrsschild und rutschte auf die Schienen der U-Strab.« (Bonner General-Anzeiger vom 17. 1. 1978)

Seit 1973 besteht in der Bundesrepublik die 0,8 Promille-Grenze für Kraftfahrer. Hierbei hat der einzelne Fahrer jedoch die Schwierigkeit, diese 0,8 Promille abzuschätzen. An verschiedenen Tagen kann die gleiche Menge Alkohol sehr unterschiedliche Wirkung und Konzentration im Blut zeigen. Ebenfalls fällt der Alkoholspiegel nicht immer gleich schnell ab. Die Grenze gilt überdies nur für den Fall, daß kein Unfall geschieht; auch bei niedrigeren Werten kann dem Autofahrer wegen Trunkenheit die Schuld zugesprochen werden, wenn hierdurch eine gewisse Fahrunsicherheit verursacht wurde.

Untersuchungen zeigten[9], daß selbst bei einem Alkoholspiegel von weniger als 0,8 Promille die Fahrtüchtigkeit wesentlich beeinträchtigt wird. Schon bei 0,2 Promille läßt sich der Fahrer leicht ablenken. Die Aufmerksamkeit läßt nach und beträgt bei 0,8 Promille nur noch 70 Prozent der normalen. Entfernungen werden nicht mehr richtig abgeschätzt, und die Gesamtsituation wird nur noch unvollständig erfaßt. Routinegriffe, die man normalerweise ohne Überlegung richtig ausführt, sitzen plötzlich nicht mehr. Ein betrunkener Fahrer muß manchmal sogar überlegen, wo sich die Bremse befindet, und kann sie nur verspätet betätigen. Auf diese Weise fährt er unsicherer als ein Fahrschüler in der ersten Stunde, nur ist er sich dieser Tatsache nicht bewußt. Geschicklichkeit und Reaktionsfähigkeit nehmen ab, was sich durch schweres Kratzen beim Schalten, abruptes Bremsen, plötzliches, zu starkes Gasgeben und damit durch eine hüpfende, ruckartige Fahrweise bemerkbar macht. Schon ab 0,5 Promille überschätzt man sich leicht, ist enthemmt, verhält sich leichtsinnig und möchte anderen imponieren.

Daß die Promillegrenze willkürlich festgesetzt ist und keinen natürlichen Einschnitt bildet, zeigt ein internationaler Vergleich: Neben der Bundesrepublik haben Dänemark, Frankreich, Großbritannien, Irland, Luxemburg, Österreich, die Schweiz und Spanien die Grenze bei 0,8 Promille festgesetzt, Finnland, Jugoslawien, die Niederlande, Norwegen und Schweden lassen 0,5 Promille zu und Polen nur 0,25. Keinen Alkohol darf man in der DDR, in Bulgarien, Rumänien, der Sowjetunion, der Tschechoslowakei, der Türkei und Ungarn vor dem Autofahren zu sich nehmen.

2. Benachteiligte im Verkehr

Petra ist vier Jahre alt. Ihre Mutter hat ihr beigebracht, wie man die Straße richtig überquert: Man geht zum nächsten Zebrastreifen, zeigt deutlich, daß man auf die andere Seite möchte und wartet, bis ein freundlicher Autofahrer seinen Wagen anhält. Dann möglichst rasch hinüber, damit der Verkehr nicht zu lange stockt.

Da Petra alles gut verstanden hat, darf sie manchmal alleine einkaufen. Bis zu vier Teile kann sie behalten, ohne daß sie einen Zettel für die Verkäuferin braucht! Das Geschäft liegt direkt gegenüber, auch ein Zebrastreifen ist nicht weit.

Gerade ist sie zum Laden unterwegs. Ihre Mutter hat vergessen, Milch mitzubringen. Daher hat sie Petra geschickt. Petra läuft nun nicht einfach über die Straße — so unvernünftig ist sie nicht — sondern sie geht auf dem Bürgersteig bis zum Zebrastreifen und wartet dort, wie es auch die anderen Leute tun. Ein Auto hält.

»Jetzt schnell hinüber«, denkt sie und läuft los. Doch was ist das? Links neben ihr quietschen Reifen, sie fühlt einen harten Schlag in der Seite, stürzt einige Meter weiter zu Boden, ihre Knie sind aufgeschlagen, ihre Hand blutet, ihr Ellbogen tut ihr weh. Leute stehen herum und reden durcheinander: »Konnte das Kind denn nicht aufpassen? - Hat sie sich verletzt? - Das arme Kind - Kann jedem passieren - wie kann man nur ein Kind in diesem Alter alleine auf die Straße lassen ...«

Petra begreift das nicht. Hat sie sich denn nicht richtig verhalten? Hat sie denn nicht gewartet, bis ein freundlicher Autofahrer seinen Wagen anhielt?

Zwei Tage darauf liegt Petra zu Hause im Bett. Knie, Arm und Hand sind dick verbunden und tun noch weh, aber wer tapfer ist und liebevoll umsorgt wird, braucht nicht mehr zu weinen. Sie weiß nicht, daß ihr Unfall heute in der Zeitung steht:

»Ein vierjähriges Kind wurde auf einem Überweg an der Dortmunder Straße von einem Personenwagen angefahren. Der 28 Jahre alte

Fahrer konnte den Zusammenprall nicht mehr vermeiden, obwohl er voll auf die Bremse stieg. Einem Überweg hatten sich mehrere Personen, darunter Kinder, genähert. Als auf der Gegenfahrbahn ein Wagen anhielt, lief das Kind unerwartet über den Überweg, ohne auf den Verkehr zu achten.«

Ähnliches, wie es in dieser Geschichte Petra passiert, geschieht jeden Tag alle vier Minuten einem Kind in der Bundesrepublik, wenn es auch nicht immer so glimpflich abläuft. 1800 Mädchen und Jungen unter 15 Jahren sterben jährlich auf der Straße, und 65 000 werden hier verletzt. Das bedeutet, daß bis zu seinem fünfzehnten Geburtstag jedes dreizehnte Kind einen Verkehrsunfall erleidet. 1976 verunglückten von 10 000 Kindern im Alter zwischen sechs und zehn 33 als Fußgänger, während es im Durchschnitt der gesamten Bevölkerung nur 11 waren[17]. Fast täglich liest man in den Tageszeitungen über Unfälle mit Kindern:

»Unachtsamkeit im Straßenverkehr bezahlte ein siebenjähriger Schüler mit schweren Verletzungen. Auf der Mainzer Straße, kurz hinter der Einmündung Gernotstraße, hatte er sein Fahrrad auf die Fahrbahn geschoben. Ein Auto erfaßte den Jungen und schleuderte ihn durch die Luft. Er mußte in ein Krankenhaus gebracht werden. Der Sachschaden wird auf 400 Mark geschätzt.« (Bonner General-Anzeiger vom 16. 9. 1978)

Schwere Verletzungen, an denen das Kind nach Meinung des Reporters selber schuld hat, werden in den Anzeigen vielfach gemeinsam mit lächerlich geringen Sachschäden genannt. Es scheint häufig so, als ob die körperlichen Schäden nur die gerechte Strafe für den schamlosen Verstoß gegen die Straßenverkehrsordnung sind, die Sachschäden jedoch ein bedauerliches Ereignis für den unschuldigen Kraftfahrer.

In welchem Alter Kinder und Jugendliche als Fußgänger besonders gefährdet sind, zeigt Tabelle 3. Sie gibt die Unfälle in Nordrhein-Westfalen für das Jahr 1973 wieder, wobei unberücksichtigt bleibt, ob die Betroffenen leichte, schwere oder tödliche Verletzungen davontrugen. Vor allem die Fünf- bis Achtjährigen verunglücken häufig. Der Grund besteht darin, daß sie in diesem Alter zum ersten Mal allein am Verkehr teilnehmen.

Während des sechsten Lebensjahrs werden die Kinder eingeschult, man kann also davon ausgehen, daß sich die über Siebenjährigen zumindest in der Nähe ihrer Wohnung auf der Straße unbeaufsichtigt bewegen. Für dieses Alter spiegelt also Tabelle 3 in etwa die Verkehrsreife wieder. Bei den jüngeren Kindern hängt es stark von den Eltern ab, ob sie ohne Begleitung das Haus verlassen dürfen oder nicht. Bei einer Umfrage gaben rd. 35 Prozent der befragten Eltern an, daß sie ihr Kind bereits mit 5 Jahren allein eine Straße überqueren ließen, 10 Prozent waren schon bei ihrem Vierjährigen und 5 Prozent bei ihrem Dreijährigen damit einverstanden[10]. Nimmt man einmal an, alle Eltern ließen ihre Dreijährigen allein über die Fahrbahn, so müßte man für diese Altersstufe zwanzigmal so viele Unfälle erwarten, als zur Zeit geschehen (siehe Tabelle 3); danach würden von 100 Mädchen und Jungen im Alter von drei Jahren vier angefahren.

Alter	Zahl der Unfälle
0 Jahre	1
1 Jahr	12
2 Jahre	120
3 Jahre	455
4 Jahre	850
5 Jahre	1 178
6 Jahre	1 357
7 Jahre	1 490
8 Jahre	1 252
9 Jahre	936
10 Jahre	742
11 Jahre	650
12 Jahre	439
13 Jahre	363
14 Jahre	275
15 Jahre	237
16 Jahre	277
17 Jahre	265
18 Jahre	220
19 Jahre	229
20 Jahre	181

Tabelle 3:
Unfallbeteiligung von Kindern und Jugendlichen als Fußgänger in Nordrhein-Westfalen im Jahre 1973 (nach SCHLEIERMACHER 1976)

Kinder erleiden vor allem dann einen Unfall, wenn sie ohne Aufsichtsperson am Verkehr teilnehmen. Dies bestätigt die Untersuchung von Michaelis[11], der 1020 getötete und verletzte Kinder zugrunde lagen: 9 Prozent verunglückten unter Aufsicht der Mutter, des Vaters oder anderer Erwachsener, 91 Prozent ohne Begleitung. Zur Zeit bekommen meistens die Kinder die Schuld am Unfall zugesprochen. In 90 Prozent dieser Fälle hatten sie die Straße falsch überschritten, in weiteren 8 Prozent auf oder neben der Fahrbahn gespielt. Bis zum 10. Lebensjahr sind sie in erster Linie als Fußgänger, im Alter von 10 bis 15 als Radfahrer, danach am meisten als Mitfahrer gefährdet. Da sie bis zum 15. Lebensjahr fast immer als die schwächeren Verkehrsteilnehmer verunglücken, tragen sie von allen Beteiligten gewöhnlich die schwersten Verletzungen davon.

»Mit schweren Verletzungen mußte ein fünfjähriges Mädchen ins Waldkrankenhaus eingeliefert werden, das auf der Hoverstraße in Lannesdorf vom Motorroller einer 16jährigen Fahrerin erfaßt und zu Boden geschleudert worden war. Nach Angaben der Polizei war das Kind plötzlich auf die Fahrbahn gerannt, um seiner Schwester entgegenzulaufen. Die Rollerfahrerin wurde bei dem Unfall nur leicht verletzt.« (Bonner General-Anzeiger vom 18.1.1978)

Ein internationaler Vergleich läßt die vielzitierte »deutsche Gründlichkeit« auch bei Kinderunfällen deutlich hervortreten: Die Bundesrepublik hielt 1969 mit 339 Unfällen auf 100 000 Kinder den traurigen Rekord. Ihr folgten Belgien mit 330, Österreich mit 280, die Schweiz mit 235, die Niederlande mit 200, die USA mit 196, Frankreich mit 140, Italien mit 120 und Großbritannien mit 110[12]. In Deutschland sind also die Kinder dreimal so stark wie in England gefährdet. Die Gründe hierfür sehen viele in der unterschiedlichen Verkehrserziehung; meines Erachtens ist jedoch die Einstellung der Erwachsenen zu den Kindern und diszipliniertes Verhalten der Autofahrer entscheidender. Wichtig ist, ob der motorisierte Verkehrsteilnehmer genügend Rücksicht auf Kinder nimmt und in kritischen Situationen nicht auf seine vermeintlichen Rechte pocht.

Der heutige Straßenverkehr stellt Anforderungen, denen besonders Kinder nicht gewachsen sind. Um auf bestimmte Gefahrensituationen reagieren zu können, muß man sie zuerst wahrnehmen. Man muß erkennen, aus welcher Richtung ein Fahrzeug kommt, wie schnell es fährt und wie breit die zu überquerende Straße ist. Daß die Wahrnehmungsfähigkeit nicht jederzeit vorausgesetzt werden kann, weiß jeder, der schon einmal guten Gewissens auf die Fahrbahn trat und plötzlich neben sich Reifen quietschen hörte. Man hatte das Auto einfach übersehen. Ebenfalls ist es leichter, eine Straße zu überqueren, auf der sich wenige Fahrzeuge befinden, als eine vielbefahrene, weil eben eine unterschiedliche Anzahl von Eindrücken zu verarbeiten ist. Bei starkem Verkehr hilft man sich dadurch, daß man nur auf das Wesentliche achtet, also auf die Entfernung zum Fahrzeug und seine Geschwindigkeit und nicht, ob momentan links ein grüner VW oder rechts eine bemalte Ente fährt. Richtiges Wahrnehmen im Verkehr bedeutet also, aus der aufgenommenen Information das Entscheidende auszulesen und auf das Unwesentliche nicht zu achten.

Farbenfrohe Werbeplakate ziehen mehr die Blicke auf sich als die Stoßstange in einer Hauseinfahrt, und trotzdem sagt diese mehr über mögliche Gefahren aus als das Plakat. Erwachsene, die auf Grund ihrer Erfahrung im Verkehr wissen, daß an dieser Stoßstange ein Auto hängt, das sich plötzlich aus der Einfahrt herausschieben kann, nähern sich dieser Stelle behutsam. Sie sind sich bewußt, daß sie zur Zeit vom Fahrer, der möglicherweise im Wagen sitzt, nicht gesehen werden können und sie daher beim Vorübergehen gefährdet sind. Für kleinere Kinder dagegen ist das Plakat viel interessanter. Sie sehen zwar die Stoßstange, aber sie beachten sie nicht.

Die Fähigkeit, nur die wenigen für die Situation wichtigen Zustände und Vorgänge zu beachten und alles andere unberücksichtigt zu lassen, bildet sich erst im Laufe der Zeit aus[13]. Kinder kennen noch nicht das an Spontanität und Phantasie verarmte Leben des dressierten Verkehrsteilnehmers, der keinen Blick für Blumen und Bäume hat, sondern seine ganze Aufmerksamkeit einem Wald von Verkehrsschildern und den Ge- und Verboten widmet. Im heutigen Straßenverkehr verlangt man von ihnen eine Abstinenz von verkehrsfremden Interessen, ohne ihnen Ersatzbefriedigungen wie das Machtgefühl zu gewähren, 100 Pferdestärken zu dirigieren.

Kinder brauchen länger als Erwachsene, eine Verkehrslage zu erfassen. Manchmal stehen sie, nachdem die Straße frei geworden ist, noch eine Zeitlang unschlüssig auf dem Gehweg. Vor allem bei raschem Verkehrsfluß kann dies für sie zu erheblichen Schwierigkeiten führen. Kaum haben sie wahrgenommen, daß die Straße frei ist, nähern sich schon wieder neue Wagen. Man beobachtet dann, wie sie minutenlang am Fahrbahnrand stehen und jede Lücke verpassen. Für sie ist eine derartige Situation aussichtslos.

Ebenfalls sind Kinder lange Zeit nicht fähig, ihre Aufmerksamkeit zu spalten, das heißt, ein Geschehen zu beobachten, ohne das andere aus den Augen zu verlieren. Eltern wissen, daß man von einem Fünfjährigen auf eine Frage keine Antwort zu erwarten braucht, wenn er gerade seine Schuhe zubindet. Er wird von dieser Tätigkeit ganz in Anspruch genommen, so daß er nichts anderes mehr hört und sieht. Auch im Straßenverkehr muß man ständig mehrere Vorgänge gleichzeitig beobachten. Um eine Fahrbahn zu überqueren, hat man die Wagen von links und von rechts im Auge zu behalten. Konzentriert sich ein Kind auf die Fahrzeuge von links, so kann es geschehen, daß es bei einer Lücke sofort auf die Straße läuft, ohne die Fahrzeuge von rechts zu beachten. Behält es die Fußgängerampel im Auge, so gelingt es ihm nicht, auch den Abbiegeverkehr zu berücksichtigen, der gleichzeitig mit ihm Grün bekommt. (Obwohl Autofahrer gewöhnlich mindestens 18 Jahre alt sind, scheint dasselbe auch auf viele von ihnen zuzutreffen.»Grün« ist häufig ein Reiz, der einen kräftigen Tritt aufs Gaspedal nach sich zieht, ohne daß Fußgänger noch beachtet werden — oder handeln Kraftfahrer vielleicht nach dem Motto: »Die spritzen schon beiseite«?) Weiterhin unterschätzen Kinder bis zum Alter von 10 bis 12 Jahren Entfernungen, wogegen Erwachsene Abstände leicht überschätzen. Sie überqueren also die Straße im Glauben, schnell auf der anderen Seite zu sein. Unverhältnismäßig viele Kinderunfälle ereignen sich daher auch auf breiteren Straßen[11].

Neugeborene sehen noch keine Gegenstände, Figuren oder Räume, sondern ein Durcheinander von Farben und Schattierungen. Nach und nach lernen sie, durch gleichzeitiges Tasten und Sehen in gewissen Formen und Farben Gegenstände zu erkennen. Selbst bei den Acht- bis Zehnjährigen hängt es noch stark von der Umgebung ab, ob sie einen Gegenstand sehen oder nicht. Auch für einen Erwachsenen ist es manchmal schwierig, einen farbigen Körper in einem bunten Raum zu erkennen, vor allem dann, wenn er sich nicht durch einige Besonderheiten wie etwa die charakteristische Form einer Vase von der Wand abhebt. Die Form ist jedoch nur deshalb charakteristisch, weil man sie schon unzählige Male gesehen hat. Kinder können nur eine vergleichsweise geringe Erfahrung mit dem Gegenstand aufweisen. Es ist daher verständlich, daß sie ihn teilweise gar nicht erkennen. Auf einer befahrenen Straße übersehen sie so gelegentlich ein Fahrzeug, weil es sich nicht deutlich genug vom Hintergrund unterscheidet.

Für kleinere Kinder existiert nur das, was sie wahrnehmen können: Was sie nicht sehen, gibt es für sie nicht. Ist ein Gegenstand zum Teil verdeckt, so wird er von den Jüngeren nicht immer erkannt. Dies führt zu typischen Unfällen[11]: Kinder überschreiten die Fahrbahn häufig von einer Stelle aus, von der sie die Verkehrslage überhaupt nicht prüfen können. Sie kommen aus Seitenstraßen, Hauseingängen und vor allem zwischen parkenden Autos hervor, über die sie wegen ihrer geringen Körpergröße nicht blicken können. Ist gerade ein größerer Wagen vorbeigefahren und versperrt noch die Sicht auf den Gegenverkehr, laufen sie schnell los. Dieses Verhalten läßt sich dadurch erklären, daß Kinder, die hinter Hindernissen stehen, die Autos nicht sehen. Diese existieren daher für sie nicht. Ihrer Meinung nach fährt in diesem Augenblick kein Fahrzeug, und daher fühlen sie sich beim Überqueren sicher. Da es sich inzwischen fast als Gewohnheitsrecht eingebürgert hat, sein Auto vor der eigenen Haustür abzustellen, haben verkehrsgefährdende Sichthindernisse stark zugenommen. Artikel in Tageszeitungen legen hiervon Zeugnis ab:

»Schwer verletzt wurde die fünfjährige Tochter eines Ausländers, der in einem Einkaufszentrum in Reidt am Samstagvormittag einkaufen wollte. Das Kind rannte zwischen parkenden Fahrzeugen vor das Auto eines 19jährigen Schülers. Dabei wurde es von dem Fahrzeug erfaßt und schwerverletzt zu Boden geschleudert.« (Bonner General-Anzeiger vom 16.5.1978)

Bei ähnlichen Unfällen wird meistens dem Kind und selten dem vorbeifahrenden Autofahrer die Schuld zugesprochen. Der weitere Beteiligte, nämlich der Besitzer des parkenden Wagens, wird mit dem Vorfall nicht in Verbindung gebracht. Die herrschenden Parkgewohnheiten bereiten diese Unfälle jedoch vor. Ganz gleich, wie gut die Verkehrserziehung der Kinder oder die Bremse des vorbeifahrenden Wagens ist, sie sind bei der durchschnittlichen Ortsgeschwindigkeit unvermeidbar. Daher müßte Abstellen eines Autos am Fahrbahnrand verboten sein, solange man 50 in Städten beibehält, weil trotz größter Gewissenhaftigkeit aller Beteiligten etwas passieren kann.

Kinder lassen sich sehr leicht ablenken. Sie betrachten mit Vorliebe auffallende Gegenstände und Handlungen. Schaufenster, bemalte Autos und die Tätigkeiten der Leute erregen ihr Interesse. Dabei sehen sie sich eine einzelne Sache nur sehr selten lange an, sondern schauen von der einen zur nächsten. Es überfordert ihre Konzentrationsfähigkeit bei weitem, auf Grund von Aufforderungen oder eigenem Vorsatz ständig den Verkehr im Auge zu behalten. Ermahnungen, die auf den Weg mitgegeben werden, können schon an der nächsten Straßenecke vergessen sein. Wird ein Kind zum Einkaufen geschickt, so denkt es auf dem Rückweg nicht mehr an die Vorsätze. Dies zeigt die hohe Unfallquote von Kindern, die vom Geschäft zurückkehren, und die vergleichsweise niedrige Zahl auf dem Hinweg.

Auch wenn sich Kinder fest vorgenommen haben, während des Spiels auf dem Bürgersteig zu bleiben, ist dieser Vorsatz schnell vergessen, rollt zum Beispiel der Ball auf die Straße. Berichte über ähnliche Vorfälle findet man ständig in den Tageszeitungen:

»Leichte Verletzungen erlitt am Sonntagmittag ein siebenjähriger Schüler aus Niederpleis bei einem Unfall auf der Mülldorfer Straße. Der Junge hatte mit einem Ball auf dem Bürgersteig gespielt und war ihm hinterhergelaufen, als er auf die Straße rollte. Ein 78jähriger Pkw-Fahrer aus Bergheim konnte trotz Vollbremsung den Unfall nicht vermeiden.« (Bonner General-Anzeiger vom 23.5.1978)

Neben der Kenntnis einiger Verkehrsregeln muß ein Verkehrsteilnehmer die Fähigkeit haben, die jeweilige Situation zu beurteilen. Da es unendlich viele Verkehrslagen gibt, ist es unmöglich, jede schon im voraus zu kennen und das in diesem Fall richtige Verhalten parat zu haben. Man muß also im rechten Moment die bestmögliche Entscheidung treffen. Diese Urteilsfähigkeit bildet sich erst durch Gewöhnung an den Verkehr aus. Um eine belebte Straße an einem Fußgängerüberweg zu überqueren, muß man abschätzen können, ob der Autofahrer noch anhalten kann. Selbst wenn es einem gelingt, die Geschwindigkeit und die Entfernung des Autos in etwa zu bestimmen, ist die Situation eventuell falsch beurteilt, weil nicht feststeht, wie sich der andere verhalten wird. An Straßen ohne Überwege muß man neben der Geschwindigkeit und der Entfernung des Wagens auch die Breite der Straße und seine eigene Geschwindigkeit einschätzen können. Bei Fehleinschätzung muß das Verhalten auf dem Mittelstreifen korrigiert werden. Solche Überlegungen stellt man nicht jederzeit an, sondern handelt aus dem Gefühl heraus, das sich Erwachsene mit der Zeit erworben haben. Gerade dieses unbewußte Reagieren auf bestimmte Situationen fehlt noch bei kleineren Kindern. Sie schätzen häufig die Situation falsch ein und rechnen ebenfalls nicht mit unkorrektem Verhalten der Autofahrer, was die hohe Zahl der überfahrenen Kinder auf dem Zebrastreifen beweist. Nach der Untersuchung von Peter-Habermann, der 484 Kinderunfälle im Raum Stuttgart in den Jahren 1973/74 zugrunde lagen, wurden 35 Prozent der verunglückten Kinder auf dem Zebrastreifen oder an einem Überweg mit Ampel angefahren[14].

»Ohne Rücksicht auf Verluste überholte ein 30jähriger Autofahrer auf der Max-Planck-Straße ein vor einem Zebrastreifen wartendes Auto. Dabei erfaßte er mit seinem Pkw ein 10jähriges Mädchen, das gerade die Straße überqueren wollte. Das Kind wurde zu Boden geschleudert und zog sich einen Oberschenkelbruch zu. Wegen des Verdachts grob fahrlässigen und rücksichtslosen Verhaltens am Fußgängerüberweg wurde dem 30jährigen der Führerschein vorläufig entzogen.« (Bonner General-Anzeiger vom 13.3.1978)

Überholt ein Kleinwagen auf der Autobahn einen Laster, der plötzlich nach links ausschert, so erschrecken auch Beifahrer, selbst wenn sie sich sonst um den Verkehr nicht kümmern. Kinder werden dagegen noch nicht vom Unterbewußtsein auf eine gefährliche Situation aufmerksam gemacht. Hellbrügge[15] untersuchte an 24 Kindern im Alter von zwei bis 12 Jahren, inwieweit sie kritische Verkehrslagen erfassen. Er ging hierbei von der Tatsache aus, daß sich psychische Belastungen auf den Puls auswirken. Begleitet von ihren Müttern fuhr man sie in Personenwagen durch den Großstadtverkehr. Ein Sender übermittelte ihren Pulsschlag und weitere Reaktionen des Kreislaufs einem Empfänger, der die Daten auf Tonband speicherte. Wie sich herausstellte, wirkte selbst bei den älteren dieser Kinder Notbremsen, Ausscheren eines Lastwagens oder andere Gefahrensituationen nicht auf ihren Kreislauf, während dies bei Erwachsenen deutlich der Fall ist. Verließ jedoch die Mutter das Fahrzeug, oder bekam das Kind ein Eis geschenkt, so erhöhte sich der Puls sofort merklich. Aus den Ergebnissen dieser Untersuchung kann man schließen, daß Kinder plötzlich auftauchende kritische Situationen nicht erkennen, wenn sie sich nicht auf den Verkehr konzentrieren. Wie eine andere Untersuchung zeigt[14], haben sie jedoch Angst, eine Straße zu überqueren. Ihnen ist also die Gefährlichkeit des Verkehrs bekannt. Um eine Gefahr zu bemerken, müssen sie bewußt auf den Verkehr achten. Werden sie jedoch irgendwie abgelenkt, sind sie den Autos hilflos ausgeliefert.

Einige Leute sähen Kinder im Straßenverkehr am liebsten als »Erwachsene im Taschenformat« an, von denen sie dieselben Leistungen wie von sich selber erwarten dürfen. Davon zeugen Artikel, in denen man bei Kleinkindern besonders erwähnt, daß sie nicht auf den Verkehr achteten, oder wo mit erhobenem Zeigefinger von »eigener Schuld« oder »Leichtsinn« die Rede ist. Leichtsinn setzt nämlich voraus, daß man die Gefahr erkennt oder wenigstens erkennen müßte. Sehen Kinder jedoch das Spiel nicht als riskant an, handeln sie nicht leichtsinnig, auch wenn es aus der Sicht der Erwachsenen so scheint:

»Durch eigenen Leichtsinn wurde ein achtjähriger Junge in Siegburg schwer am Kopf verletzt. Der Junge war auf die Stoßstange eines Lasters geklettert, der auf dem Firmengelände einer Siegburger Firma abgestellt war. Der Fahrer startete den Wagen, ohne den Jungen zu bemerken. Als der Lkw auf die Katharinenstraße einbog, sprang der Junge ab und schlug mit dem Kopf auf den Boden auf.« (Bonner General-Anzeiger vom 19.4.1978)

Es stellt sich die Frage, wann der Junge aus seiner Sicht leichtsinnig gehandelt hat: als er wegen fehlender Spielplätze im Stadtgebiet auf den Laster kletterte, als er nicht, eventuell aus Angst oder auf Grund der Schrecksekunde, sofort absprang, oder als er vielleicht in Panik noch schnell herunter wollte, bevor der Lastwagen auf volle Geschwindigkeit kam? Liegt nicht vielleicht der Leichtsinn beim Fahrer, der es für unnötig hielt, nachzusehen, ob alles am Wagen in Ordnung war?

Fast allen aufgeführten Zeitungsberichten ist gemeinsam, daß sie aus der Sicht des Kraftfahrers geschrieben sind. Das Kind lief oder sprang plötzlich auf die Fahrbahn, ohne auf den Verkehr zu achten, während es dem Autofahrer nicht mehr gelang, den Zusammenprall zu vermeiden. Aus der Sicht der Kinder muß man jedoch die Lage anders beurteilen: Das Kind wollte auf die andere Seite. Da es wegen parkender Wagen und seiner geringeren Körpergröße die Fahrbahn nur ausschnittsweise sehen konnte, mußte es zwischen den abgestellten Fahrzeugen hindurchgehen. Plötzlich war das Auto da, ohne daß das Kind es vorher erblicken konnte. Es gelang ihm nicht mehr, rechtzeitig zurückzuweichen[14].

Durch die Formulierungen in den Artikeln wird von vornherein dem Kind die Schuld zugeschoben. Die Verfasser der Meldungen schreiben vom Standpunkt des Autofahrers aus, weil sie sich mit ihm als Leidensgenossen identifizieren können. Sie gehen von der allgemeinen Auffassung aus, daß Kinder immer unvorsichtig und gedankenlos handeln und sie daher bei Verkehrsunfällen, von wenigen Ausnahmen abgesehen, immer schuldig sind[14].

Immer wieder werden die verunglückten Kinder bedauert und mehr oder bessere Verkehrserziehung verlangt. Man hofft, hierdurch die erschreckend hohen Zahlen schnell senken zu können. Wenn dies nicht gelingt, ist man überzeugt, daß zu wenig Verkehrsunterricht erteilt wird. Man fragt sich jedoch nicht, ob durch mehr Verkehrserziehung überhaupt die Sicherheit vergrößert wird oder ob man nicht besser von einer anderen Seite an das Problem herangehen sollte. Anstelle den Verkehr menschlicher zu machen, versucht man, die Kinder autogerecht zu erziehen. Bis zu einer gewissen Grenze hat man damit Erfolg — solange es nur darum geht, daß sie auf dem Weg zur Schule und zum Einkaufen nur Bürgersteige benutzen und die Straße an Zebrastreifen oder Ampeln überqueren. Daß sie sich jedoch leicht ablenken lassen, nur mit richtigem Verhalten anderer rechnen und noch zu undifferenziert wahrnehmen, ändert auch der beste Unterricht nicht. Außerdem ist fraglich, ob Dämpfung der Spontanität, ständige Unterordnung der eigenen Bedürfnisse unter die Erfordernisse des Straßenverkehrs und ständiges Zurückstecken gegenüber den stärkeren Verkehrsteilnehmern wirklich positiv zur Persönlichkeitsentwicklung beiträgt, und vor allem, ob das »Abrichten« der Kinder auf den Verkehr mit den Menschenrechten zu vereinbaren ist, für deren Verletzungen die westlichen Industriestaaten doch angeblich ein so gutes Gespür besitzen (s. Kap. 11).

Daher bleibt nichts anderes übrig, als daß sich die Autofahrer in ihrem Verhalten einschränken. Niedrigere Geschwindigkeiten, größere Aufmerksamkeit vor allem in Wohnstraßen, in denen die meisten Kinder verunglücken, Parkverbote am Straßenrand und eine weniger selbstgerechte Haltung hülfe sicher mehr als die intensivste Verkehrserziehung.

Aber niemand schränkt sich gerne ein, und niemand möchte für unangenehme Tatsachen verantwortlich sein — vor allem nicht die Autofahrer. Unter diesem Gesichtspunkt sollte man das Interview sehen, das Herr Brumm vom HUK-Verband Herrn Littmann in der Sendung ARD-Ratgeber Auto und Verkehr am 29.7.1978 gab:

L.: Herr Brumm, wie schlägt sich das (Gefährdung der Kinder im Verkehr) in den jährlichen Unfallstatistiken nieder?

B.: Herr Littmann, ich kann dazu sagen, daß wir erschreckende Zahlen darüber haben, und zwar gleichbleibend fast in den letzten Jahren. Es verunglücken jährlich Kinder unter sechs Jahren in einer Größenordnung von über 11000 auf den Straßen, davon etwa die Hälfte schwer und 400 tödlich, und, was ich weiter noch sagen möchte, ist, daß leider 60 Prozent dieser verunglückten Kinder beim Spielen verunglücken, also nicht an den Verkehrsknotenpunkten, sondern in Anliegerstraßen, eben beim Spielen oder beim Hindurchgehen durch eine Reihe von parkenden Autos, das sind unsere Schwierigkeiten.

L.: Welche Konsequenzen müssen nun nach Ihrer Meinung Eltern und Erzieher aus diesen Tatsachen ziehen?

B.: Sie sagen es richtig, Eltern und Erzieher sollten Konsequenzen daraus ziehen, denn die Autofahrer haben an diesen bedauerlichen Unfällen meistens kaum schuld. Wir unterstützen deshalb den Kinderverkehrsklub, weil er spielend versucht, den Kindern die richtige Verkehrserziehung zu geben, in Unterstützung mit den Eltern selbstverständlich. Dem HUK-Verband war das soviel wert, daß wir zum Start des Kinderverkehrsklubs 500 000 Mark dazugegeben haben.

L.: Recht schönen Dank, Herr Brumm. Heute und in den folgenden drei Ratgebersendungen Auto und Verkehr, meine Damen und Herren, wollen wir Ihnen zeigen, was Sie als Erwachsene tun können, um zur Verkehrssicherheit beizutragen, wenn eines Ihrer Kinder einen Roller, ein Dreirad oder ein Ketcar bereits hat bzw. geschenkt bekommen soll...

Aber nicht nur Kinder werden durch den heutigen Verkehr über Gebühr benachteiligt und gefährdet, sondern alle, die sich nicht motorisiert fortbewegen. Von Fußgängern und Radfahrern verlangt man die gleiche Aufmerksamkeit und das gleiche Verantwortungsbewußtsein wie von Autofahrern, räumt ihnen jedoch weniger Platz und Bewegungsfreiheit ein. Während man im Wagen ständig zwei Richtungen beobachten muß, und zwar den Gehweg und die vor einem liegende Fahrbahn, sind es vom Rad aus drei, nämlich auch noch die links überholende Schlange, aus der sich gelegentlich ein Glied zum Rechtsabbiegen löst. Meiner Erfahrung nach üben freie Parkplätze am Straßenrand eine fast unüberwindbare Anziehungskraft auf Personenwagen aus, so daß es dem Fahrer nicht immer gelingt, seinen Untersatz davon fernzuhalten, selbst wenn sich zwischen Lücke und Fahrbahn ein Radler befindet. Die vielgepriesenen »Grünen Wellen« sehen vom Sattel ziemlich rot aus, und das, was man einst »Bürgersteig« nannte, ähnelt häufig eher einem Trampelpfad. Selbst bei neu angelegten Straßen wird dieses »Randproblem« kaum beachtet, die Breite des Gehwegs richtet sich nach der Anzahl der gewünschten Fahrspuren. Notfalls läßt man ihn ganz weg und schickt Fußgänger und Radfahrer durch einige Nebenstraßen. Umwege spielen dabei kaum eine Rolle — nicht die Bewegungsfreiheit der nichtmotorisierten Verkehrsteilnehmer zählt, sondern die Flüssigkeit des Autoverkehrs. Als Rechtfertigung hierfür muß der Umweltschutz herhalten, denn es ist wissenschaftlich erwiesen (s. Kap. 5), daß in Staus die giftigsten Abgase entstehen. Aber seltsamerweise vermindern hindernisfreie Fahrbahnen kaum die Abgasbelastung, denn gut ausgebaute Straßen ziehen Autofahrer wie Magnete an.

Besonders in Altstädten sind die Bürgersteige sehr schmal oder fehlen ganz. Gassen, die zur Zeit der Pferdekutschen angelegt wurden, können den Anforderungen des heutigen Verkehrs nicht genügen. Deshalb bleibt nur die Wahl zwischen der Bewegungsfreiheit von Fußgängern und Park- und Kriechmöglichkeiten von Personenwagen, beides gleichzeitig ist unmöglich. Man hat sich für das letztere entschieden. Die Mobilität, deren Erhöhung lautstark gerühmt wird und die sich als Symbole Auto und Flugzeug erkoren hat, nimmt im täglichen Leben ständig ab, denn man verbringt die meiste Zeit nicht im Flugzeug auf Weltreisen, sondern in der Stadt, entweder als Fußgänger auf dem »Gnadensteg« oder als Autofahrer im Stau. In Wohngegenden werden die Gehwege als Pkw-Parkplätze benutzt, gleichgültig, ob noch genügend Raum für Menschen bleibt. Über dieses Autofahrerverhalten, das nach der Straßenverkehrsordnung mit einer Geldbuße bis zu 150,-- DM und einem Punkt im zentralen Verkehrsregister in Flensburg geahndet werden kann, sieht man fast überall großzügig hinweg. Wagt es eine Politesse einmal, in einer Seitenstraße entgegen der Gewohnheit Strafzettel zu verteilen, so kann man sich des Protestes der Anlieger sicher sein. So berichtete zum Beispiel am 30.4.1979 der Bonner General-Anzeiger unter der Überschrift »Geblümte Knöllchen«: »Aus allen Wolken fielen Freitag mittag die motorisierten Anwohner der Rhenusallee in Beuel... Jahrelang hatten sie ihre Autos unbehelligt vor der Haustür halb auf dem Bürgersteig geparkt — und jetzt klemmte hinter jedem Scheibenwischer ein Knöllchen... Die so aus heiterem Himmel zur Kasse Gebetenen waren nicht nur erbost, sie handelten auch: indem sie sich bei den Politessen, die gerade erneut ihres Amtes walten wollen, beschwerten. Ihr Hauptargument: Nach jahrelangem Stillhalten (Parken 'auf der Kippe' ist ohne Erlaubnisschild verboten) hätte die Stadt sie schließlich vorwarnen können. Ein Zettel unter dem Scheibenwischer oder in den Briefkästen der Straße mit einem entsprechenden Hinweis hätte völlig genügt...« Ein seltsames Rechtsverständnis zeigt sich meiner Meinung nach hier: Leute, die regelmäßig gegen ein Gesetz verstoßen haben, ohne daß es die Ordnungsbehörden wegen Personalmangels ahnden konnten, sollen vorgewarnt werden, bevor die schon längst fällige Überprüfung stattfindet.

Für die Fußgänger bedeuten geparkte Fahrzeuge auf dem Gehweg, daß sie an vielen Stellen nur im Gänsemarsch und in Schlangenlinien vorwärts kommen und sich so nicht unterhalten können.

Wo man noch vor wenigen Jahren die Fahrbahn auf Zebrastreifen überqueren konnte, zieren heute Ampelanlagen den Straßenrand. Man rechtfertigt das gerne damit, daß hierdurch die Sicherheit erhöht, alle Verkehrsteilnehmer entlastet und der Verkehr flüssiger gehalten werde. Für den Kraftfahrer bringt diese Entwicklung wirklich einige Vorteile mit sich, denn statt des Bürgersteigs braucht er fast nur noch die Ampeln im Auge zu behalten. Wo früher in der Nähe von Einkaufszonen die Schlange alle paar Meter stockte, weil jemand den Überweg benutzen wollte, ist sie nun für einen festen Zeitabschnitt ständig in Bewegung. Der Fußgänger muß dagegen regelmäßig warten. Beachtet er die Ampeln nicht, ist er bedeutend stärker als an anderen Stellen gefährdet, weil sich die Autofahrer im Recht glauben und es so gelegentlich auf einen Unfall ankommen lassen. Vom juristischen Standpunkt handelt es sich in einem solchen Fall um bedingten Vorsatz, der garnicht so selten vorkommt[16]. Passiert etwas, wird dem Fußgänger meistens der größte Teil der Schuld zugesprochen. Als Folge nehmen zwar die Staus auf den Straßen nicht mehr ganz so schnell zu, Nichtmotorisierte kommen jedoch bedeutend langsamer vorwärts. Dabei werden die Ampeln an Kreuzungen zum Teil so kurios geschaltet, daß man bei vorschriftsmäßigem Verhalten zu Fuß sehr große Wartezeiten in Kauf nehmen muß. Stellen Sie sich zum Beispiel vor, Sie wollen an einer Kreuzung die Straße überqueren. Auf direktem Weg befindet sich kein Übergang, es sind jedoch Ampeln an den drei übrigen Einmündungen vorhanden. Weil Sie sich verkehrsgemäß verhalten wollen, wenden Sie sich nach links. Sie warten. Grün leuchtet auf; doch gleichzeitig biegen einige Wagen rechts ab, wodurch Sie wieder auf die Aufmerksamkeit der Autofahrer angewiesen sind. Sollten Sie es nicht schaffen, innerhalb der fünf Sekunden, während der die Fußgängerampel Grün zeigt, die gegenüberliegende Straßenseite zu erreichen, müssen Sie damit rechnen, daß man Sie entweder hupend zurechtweist oder schneidet. Die Ampel über die zweite Straße ist gerade auf Rot umgesprungen.Sie warten wieder.Es vergeht eine Minute, bis Sie die Verkehrsinsel erreichen dürfen. Zweimal müssen Sie nun noch am Fahrbahnrand stehen, bis Sie Ihren Bestimmungsort erreicht haben, und noch einmal werden Sie von Rechtsabbiegern gefährdet. Für den Weg, der in direkter Verbindung zehn Meter beträgt, haben Sie vier Minuten gebraucht.

In Großstädten sind ähnliche Straßenkreuzungen keine Seltenheit mehr. Daher wundert es kaum, daß mit steigender Ampelanzahl die

Lichtzeichen weniger beachtet werden. Wenn Fußgänger die Geduld verlieren und die Straße trotz Rot überqueren, wird ihnen bei einem Unfall die Hauptschuld zugesprochen, während sie an Zebrastreifen fast immer eindeutig beim Fahrer liegt. Indem Überwege durch Ampelanlagen ersetzt werden, verschiebt man die Verantwortung vom Kraftfahrer auf den Fußgänger, ein Zeichen für die Tendenz vieler Städte, autofahrerfreundlicher und menschenfeindlicher zu werden.

Immer wieder wird hervorgehoben, wie wenig Platz in unserer Gesellschaft für Behinderte und Alte ist, trotz des Rentenalibis. Daher ist es auch nicht verwunderlich, daß der Straßenverkehr ebensowenig auf ihre Bedürfnisse Rücksicht nimmt wie auf die der Kinder. 1976 wurden innerhalb von Ortschaften von 100 000 Kindern zwischen sechs und zehn 319 beim Überqueren der Straße, beim Spielen auf oder neben der Fahrbahn oder auf Parkplätzen von Kraftfahrzeugen erfaßt und verletzt, von 100 000 Fußgängern über 65 Jahren trugen 111 eine Verletzung im Verkehr davon, während der Durchschnitt aller Altersgruppen bei 92 lag[17]. Im selben Jahr starben innerorts von 100 000 Sechs- bis Zehnjährigen 6 als Fußgänger im Straßenverkehr, von 100.000 Leuten über 65 waren es 18, während der Durchschnittswert 5 betrug. Wie die Kinder so sind also auch ältere Menschen im Verkehr sehr gefährdet. Die Wahrscheinlichkeit, einen Unfall mit tödlichem Ausgang zu erleiden, ist jedoch für diese Altersgruppe beträchtlich höher, weil Verletzungen bei alten Leuten wegen der abnehmenden Widerstandsfähigkeit eher zum Tode führen als bei jungen. Hinzu kommt noch die Anfälligkeit gegenüber Infektionskrankheiten, die sie sich im Krankenhaus zuziehen können. Eine häufige Unfallfolge ist daher die Lungenentzündung. Ebenfalls werden Aufregungen mit zunehmendem Alter immer weniger verkraftet.

Während die Hauptursache für die hohen Unfallzahlen bei Kindern im Entwicklungsstand zu sehen ist, liegt sie bei alten Menschen vor allem in der Abnahme der körperlichen Leistungsfähigkeit, des Augenlichts und des Gehörs. Niedrige Gehgeschwindigkeit führt zusammen mit der Ungeduld eines Kraftfahrers leicht zu einem Unfall, das Nachlassen der Sinnesorgane läßt die drohende Gefahr nicht rechtzeitig erkennen. Es gibt Orte, die man direkt als Fallen für Behinderte ansehen kann: Scharfe Kurven verhindern zum Beispiel besonders bei hoher Fahrgeschwindigkeit, daß ein Gehörgeschädigter einen nahenden Wagen früh genug bemerkt. Gerade auf Vorfahrtstraßen außerhalb geschlossener Ortschaften passen Kraftfahrer die Geschwindigkeit nur selten der Verkehrslage an, so daß sie nicht rechtzeitig anhalten können, wenn sich hinter einer Kurve jemand auf der Fahrbahn befindet. Nach § 3 StVO darf jedoch der Fahrer nur so schnell fahren, daß er innerhalb der übersehbaren Strecke halten kann. Breite, stark befahrene Straßen überfordern Gehbehinderte ständig. Selbst an Ampelanlagen sind sie gefährdet, weil sie die andere Seite nicht während der Grünphase erreichen können und einige Autofahrer entgegen den Verkehrsregeln nicht warten, bis der letzte Fußgänger den Bürgersteig erreicht hat. Andere schütteln demonstrativ den Kopf, tippen mit den Fingern an die Stirn, trommeln ungeduldig aufs Lenkrad, hupen oder lassen den Motor aufheulen. Aber auch die persönliche Einstellung zum Verkehrsgeschehen trägt bei dieser Altersgruppe zu Unfällen bei: Aufgestaute Aggression auf Grund der Erfahrung, daß sie auf alle Fälle im Verkehr die Benachteiligten sind, das Wissen um ihre nachlassende körperliche Leistungsfähigkeit oder das Bewußtsein, daß sie als die Älteren Rücksicht und Zuvorkommenheit von Jüngeren erwarten können, leitet häufig ihre Handlung. Der selbstgerechte Kraftfahrer, der nur zu deutlich das verkehrswidrige Verhalten der anderen sieht, fühlt sich hierdurch belästigt und in seinen Rechten beschnitten, was ihn je nach Temperament zu mehr oder weniger gefährlichen Ausschreitungen verleitet.

Helmut Böhm[18] hat auf Grund von Umfragen untersucht, wie ältere Leute den Straßenverkehr und die anderen Verkehrsteilnehmer sehen, was sie als unangenehm empfinden und was sie gerne anders hätten.

Hiernach sehen alte Menschen im Straßenverkehr vor allem die Gefahr und die Aufregung, den Zwang zur Anpassung und zum Hetzen, die Benachteiligung und die Einschränkung in ihrer persönlichen Bewegungsfreiheit, die sie als Fußgänger mit altersbedingten Behinderungen täglich erleben. Lärm und Gestank kennzeichnen den Kraftfahrzeugverkehr und werden wohl nicht nur von ihnen als unangenehm empfunden. Man drängt sich auf einen eng begrenzten Raum, wo man kaum zu zweit nebeneinander gehen kann. Der tägliche Spaziergang im Park oder der Weg zum Markt ist für viele die einzige Möglichkeit, Kontakt mit anderen Menschen und vor allem mit Gleichaltrigen zu finden. Der Weg dorthin oder zur Stadt hinaus führt durch den Straßenverkehr, womit sie ihm ständig ausgesetzt sind.

Auf die Gefährlichkeit von einzelnen Fahrzeugen befragt, gaben die älteren Leute im Schnitt folgende Rangfolge an: Motorräder stehen danach an erster Stelle, gefolgt von den Mopeds. Krafträder werden überwiegend von Jugendlichen gefahren. Sie erzeugen mehr Lärm als die übrigen Fahrzeuge, und das von der Reklame aufgebaute Image, deutlich an Motorradnamen wie »Herkules« zu erkennen, läßt ihre Fahrer sich häufig als »starke Männer« fühlen, wobei hohe Geschwindigkeiten und heulende Motoren die Kräfte der Fahrer unterstreichen. Daher sehen ältere Leute oft in jugendlichen Motorradfahrern Rowdies, die wiederum ältere Verkehrsteilnehmer als »Omas« und »Opas« abqualifizieren. Dieser »Generationskonflikt« führt dazu, daß sich beide Gruppen im Straßenverkehr nicht voll akzeptieren.

Mit großem Abstand in der Gefährlichkeit folgen nach Meinung der Befragten die Personenwagen, die wiederum in einem schlechteren Ruf als die Lastwagen stehen. Am besten schneiden die öffentlichen Verkehrsmittel ab, insbesondere die Straßenbahnen. Radfahrer werden eher als lästig denn als gefährlich empfunden. Sie behindern Fußgänger häufig, weil der stärker werdende Autoverkehr sie vielerorts von der Straße auf die Gehwege drängt. Das einst breite Trottoir trägt nun häufig in der Mitte einen weißen Strich, der die Fußgänger auf die rechte und die Radfahrer auf die linke Seite bannt, oder soll von beiden Gruppen gemeinsam benutzt werden.

Die Breite der Bürgersteige ist für viele ältere, und wohl auch für jüngere, Fußgänger ein Kritikpunkt. Betagte Personen leiden besonders unter dem knappen Raum, den sie sich mit parkenden Wagen teilen müssen, weil sie meist langsamer als die anderen gehen und deshalb regelmäßig überholt und wegen der Enge angerempelt werden. Daher ist es verständlich, daß sich besonders diese Gruppe für breitere Bürgersteige und deutliche Trennung der Gehwege von den Straßen und Radwegen einsetzt.

Viele der befragten alten Menschen klagten über die zu geringe Anzahl von Zebrastreifen. Den Fußgängern verlange man oft unzumutbar weite Strecken ab, wenn sie eine Straße auf einem Überweg überqueren wollen. Besonders diejenigen, die schlecht zu Fuß seien, zwinge man hierdurch, sich lange Zeit neben der Fahrbahn in Lärm und Gestank aufzuhalten. Unter- bzw. Überführungen werden zwar von vielen älteren Personen befürwortet, wegen des damit verbundenen Treppensteigens oder Rolltreppenfahrens aber wenig benutzt. Gehbehinderte klagen auch häufig darüber, daß die Bordsteinkanten zu hoch angelegt werden. Sie sollten, wenigstens an den Überwegen, etwas abgeflacht sein.

Auf die Frage, welche Situationen im Straßenverkehr die größten Belastungen darstellen, wurden folgende Punkte genannt:

»a) Das Warten auf eine Möglichkeit des Überquerens am Rande einer stark befahrenen Straße ohne Fußgängerüberweg.

b) Das Stehen in der Mitte einer Straße zwischen Kraftfahrzeugen, die in beiden Richtungen fahren.

c) Das Umschalten der Fußgängerampel auf 'Rot', während sich die alten Menschen noch auf der Straße befinden.«[19]

Die Stadtplanung verfolgte lange Zeit das Ziel, das Autofahren in den Städten durch großzügig angelegte Straßen angenehmer zu machen. Wie die letzten Jahrzehnte gezeigt haben, verhalten sich Personenwagen jedoch wie die Moleküle eines Gases, das heißt, sie füllen den ganzen ihnen zugänglichen Raum aus. Bessere Straßenbauten in den Städten ziehen mehr Autos an, so daß die Verkehrsprobleme erneut auftreten. Bald reicht die Breite der ausgebauten Fahrbahnen nicht mehr, wodurch man das ursprüngliche Chaos wieder erreicht hat. Gleichzeitig sinkt die Qualität der Stadt für die übrigen Verkehrsteilnehmer. Der Raum, der den Personenwagen eingeräumt werden muß, wächst und wächst auf Kosten von Spielplätzen und Grünanlagen; die Städte verlieren ihre Besonderheiten, und Sehenswürdigkeiten verstecken sich zwischen hohen Kaufhäusern und schwungvoll errichteten Straßen. Leidtragende dieser Entwicklung sind in erster Linie Kinder, Alte, Behinderte und Leute, die sich kein Auto leisten können oder wollen. Sie alle haben durch den motorisierten Individualverkehr nur Nachteile. Gerade betagte Menschen möchten gerne am Gemeinschaftsleben in den Städten teilhaben, was ihnen der Pkw verwehrt. Alle, die nicht hinter dem Lenkrad sitzen, werden in sich verkleinernde Reservate verdrängt.

Neben den Menschen haben auch die Tiere unter dem Verkehr zu leiden: Starker Lärm hindert einige Vogelarten zu brüten, das immer dichter werdende Verkehrsnetz zerschneidet den natürlichen Lebensraum, wegen der Entwässerung von Moorgebieten für Autobahnbauten wird ganzen Lebensgemeinschaften die Existenzgrundlage entzogen. Viele Tiere fallen auch Verkehrsunfällen vor allem auf Landstraßen durch Waldgebiete zum Opfer. Das Netz der Verkehrsspinne gefährdet besonders die Tiere, die sich an veränderte Umweltbedingungen kaum oder gar nicht anpassen können: Frösche, Kröten, Molche und Salamander sind ans Wasser gebunden, weil ihre Jungen zu Beginn ihrer Entwicklung nur im Wasser leben können. Sie ziehen ruhige Kleingewässer vor, die für uns unproduktive Gebiete sind und daher häufig zugeschüttet werden. Darüber hinaus suchen sie, ist ihr Brutteich einmal zerstört, keinen neuen auf, sondern kehren Jahr für Jahr an diesen Ort zurück. Führt eine neue Straße über diesen Teich oder schneidet sie ihnen den Weg dorthin ab, so werden die Tiere in Massen überfahren. Auch bei denen, die überleben, kommt es zu keiner Fortpflanzung mehr, weil die Brutmöglichkeit fehlt. Aufsehen erregen fast nur Fälle, in denen auch Menschen zu Schaden kommen; so konnte man einmal in einer Tageszeitung die Schlagzeile lesen: »Liebestolle Kröten brachten junge Frau um«. Die Frau war auf einer neu angelegten Bundesstraße gefahren, die den Weg der Kröten zum Wasser zerschnitt. Beim Überqueren der Fahrbahn wurden viele Tiere zu Brei zerfahren, wodurch die Straße so glitschig wurde, daß die Autofahrerin ins Schleudern geriet und mit noher Geschwindigkeit über den Straßenrand hinausschoß. Nach Auffassung des Reporters, die wohl die Meinung der meisten Bürger wiederspiegelt, waren die Tiere schuld und nicht die Frau, die ihre Geschwindigkeit dem Straßenzustand nicht anpaßte.

Im Jahre 1957 suchte Lindhard Hansen (Dänemark) zwölf Monate lang bestimmte Straßenabschnitte nach überfahrenen Tieren ab. Er ermittelte dabei folgende Zahlen für die einzelnen Tierarten pro Jahr und 1000 km Hauptstraße[20]:

Hasen	3 014
Igel	5 377
Ratten	11 577
Kleinsäuger	27 824
Vögel	111 728
Amphibien	32 820

Wenn man bedenkt, daß sich seit 1957 der Verkehr mehr als vervierfacht hat und 1000 km Straßenlänge nur ein kleiner Teil des Verkehrsnetzes darstellt, sind diese Zahlen alarmierend.

Jährlich finden in Deutschland 200 000 bis 300 000 Hasen, Rehe, Hirsche und Wildschweine und Millionen von Kleinsäugetieren wie der besonders gefährdete Igel, sowie Kriechtiere und Vögel auf der Straße den Tod[21]. Der Grund für die unverhältnismäßig hohe Gefährdung des Igels liegt in der Tatsache, daß er im Gegensatz zu den anderen wildlebenden Arten nicht versucht, dem Feind durch Flucht zu entkommen, sondern sich zusammenrollt und seine Stacheln aufrichtet. Gegen die Autoreifen ist diese Methode jedoch (leider) wirkungslos. Auch die Waldohreule ist durch Verkehrsunfälle bedroht, weil sie sich überwiegend an Waldrändern aufhält, an denen neuerdings immer mehr Bundesstraßen und Autobahnen vorbeigelegt werden. Im Bonner General-Anzeiger war am 18.4.1978 der Titel zu lesen: »Autofahrer 'erlegten' 230 Rehe«. 1977 wurden hiernach im linksrheinischen Waldgebiet bei Bonn 730 Rehe von Jägern und 230 von Autofahrern »erlegt«, also rund 25 Prozent überfahren. Man muß dabei bedenken, daß es sich hierbei normalerweise um gesunde Tiere handelt, die nicht getötet zu werden brauchten. Während geschossene Tiere meist schnell und damit ohne größere Qualen sterben, ist dies bei einem Verkehrsunfall anders. Oft haben sie noch die Kraft, sich wegzuschleppen, und sterben qualvoll über Stunden.

Bei Unfällen mit Großwild sterben durchschnittlich 50 Menschen, und es entsteht ein Sachschaden von 100 Millionen Mark. Bedauert werden jedoch nur die menschlichen Todesopfer und der Sachschaden, an die Tiere denken nur die wenigsten. Darauf weist schon der Untertitel des Zeitungsberichts hin, in dem diese Zahlen erschienen[22]: »Autofahren im Wald nicht ungefährlich«.

Wie wenig die Leiden der Tiere bei Unfällen interessieren, besagen deutlich Zeitungsartikel, die über Zusammenstöße zwischen Autos und größeren Tieren berichten:

»Herrenloses Pferd verursachte 16 000 DM Sachschaden.
kla — Einen Gesamtschaden von 16 000 Mark verursachte auf der L 158 in Höhe Villiprott ein herrenloses Pferd. Trotz versuchter Vollbremsung war ein 54jähriger Autofahrer mit dem herumirrenden Pferd zusammengeprallt. Das Pferd wurde auf die Gegenfahrbahn geschleudert und dort wieder von einem Autofahrer erfaßt. Ein sofort her-

beigerufener Pferdemetzger erschoß das Tier.« (Bonner General-Anzeiger vom 25.1.1978)

Da kann man nur noch sagen: Das böse Pferd! Konnte es nicht besser auf die Vorfahrt achten?!

Übung Nr. 1
ICH bin wichtig!

Ohne meinen Wagen käme ich nicht aus. Bei der Verantwortung, die ich wegen meines Berufes habe, kann ich es mir nicht leisten, unmobil zu sein. Von mir hängt es ab, was aus der Zukunft unserer Firma wird! Ein Fehler von mir könnte uns immense Summen kosten. Daher muß ich auch häufig mehr Zeit in meine Arbeit investieren, als ich eigentlich verpflichtet bin. Die Fahrt in öffentlichen Verkehrsmitteln dauerte länger, als ich es mir bei meiner sowieso schon so knappen Freizeit erlauben könnte. Man verlangt schließlich von mir, daß ich immer freundlich und ausgeglichen zu meinen Untergebenen bin, und dazu benötigt man schließlich auch ein Mindestmaß an Freiraum und Ausgleichssport. Von meinem verständnisvollen Blick und meiner kollegialen Art hängt es ab, welchen Einsatz die Betriebsangehörigen liefern. Wenn jemand auf seinen Wagen verzichten sollte, dann der, dessen Zeit nicht so wertvoll ist wie meine.

Natürlich sind mir auch die Gefahren des Individualverkehrs vollauf bewußt. Von meinem Beruf her bin ich ja verpflichtet, mich gründlich und umfassend über alle aktuellen Themen zu informieren. Wenn man bedenkt, wie viele Menschen sich ans Steuer setzen, nachdem sie die ganze Nacht durchgezecht haben! Eine solche Verantwortungslosigkeit kommt bei mir nicht vor! Nach zwei, drei Bier ist bei mir Schluß. Ich habe eben meine Prinzipien. Außerdem könnte man froh sein, wenn alle so gut führen wie ich. Und dabei ist das heutzutage keine Kleinigkeit mehr! Wenn jemand auf der Landstraße mit 80 einhertuckelt und so alle anderen aufhält oder auf der Autobahn mit 110 die Überholspur benutzt, wird die Geduld eines jeden vernünftigen Fahrers auf die Probe gestellt. Nicht daß Sie meinen, ich hätte etwas gegen Langsame! Wer schlecht fahren kann, soll eben kriechen, aber er sollte sich auch rechts halten, so daß ihn Bessere überholen können. Es hat eben nicht jeder so viel Zeit wie er!

Mich wundert häufig, woher viele Leute ihren Führerschein haben! Wenn ein Sonntagsfahrer vor mir einfach nicht Gas gibt, obwohl die Ampel jederzeit auf Rot umzuspringen droht, stehen mir die Haare zu Berge. Miserabel verhalten sich auch Radfahrer und Fußgänger im Straßenverkehr. Viele halten es einfach nicht für nötig, zu warten, wenn man rechts abbiegen will. Oder wie häufig kommt es vor, daß

Kinder einfach auf die Fahrbahn springen, ohne sich zu vergewissern, daß die Straße frei ist. Den Eltern sollte man das Erziehungsrecht aberkennen! Entweder müssen sie ihren Bälgern beibringen, sich korrekt im Verkehr zu verhalten, oder sie sollten sie draußen beaufsichtigen. Natürlich habe ich meinen Wagen so unter Kontrolle, daß ich jederzeit rechtzeitig abbremsen kann, aber was ist, wenn mein Hintermann schläft? Ich habe nicht die Zeit, mich monatelang mit Versicherungen herumzustreiten!

Gegen die Verkehrsregeln verstoße ich nie! Sie sind aufgestellt worden, damit man zügig und sicher vorankommt, und daher muß man sie im Interesse der Allgemeinheit voll akzeptieren. Es gibt natürlich auch Fälle, in denen man sich nicht mehr ganz korrekt verhalten kann. So mußte ich einmal dringend zu einer Tagung, auf der es um die Zukunft unserer Firma ging, und ich konnte in der ganzen Umgebung keinen Parkplatz finden. Die Zeit des Beginns rückte immer näher. Es blieb mir nichts anderes übrig, als die Möglichkeiten gegeneinander abzuwägen: Entweder fahre ich noch länger im Kreis, bis ein Parkplatz frei wird, und versäume auf diese Weise einige entscheidende Punkte der Tagesordnung, was große Verluste für unsere Firma bedeuten könnte, oder ich stelle meinen Wagen im Halteverbot ab. Mir blieb unter diesen Umständen keine andere Wahl: Ich mußte gegen die Verkehrsregeln verstoßen. Wie in allen Fällen, in denen man sich ausnahmsweise einmal falsch verhält, bekam auch ich den Arm des Gesetzes zu spüren. Es gibt Leute, die jahrelang täglich im Halteverbot parken, ohne daß sie jemals dafür zur Kasse gebeten werden, aber wenn ein ordnungsliebender Mensch einmal eine Verfehlung begeht... Es trifft eben immer die Falschen. Ich habe natürlich anstandslos bezahlt, wie es sich für einen guten Staatsbürger gehört.

Es gibt Sonntagsfahrer, die ihr Fahrzeug nur zum Vergnügen haben, bei denen es nicht darauf ankommt, wenn sie sich einmal etwas verspäten. Aber gerade diese Leute verstopfen durch ihre Kleinwagen ständig die Straßen. Wie gut könnten sie ihre Wege mit dem Bus oder der Bahn zurücklegen. Aber nein! Jeder muß ja seinen eigenen Wagen steuern. Solchen Leuten sollte man das Autofahren verbieten! Wofür gibt es denn öffentliche Verkehrsmittel?

3. Die Folgen eines Unfalls

Tyburn, Mai 1535:
»Nachdem man sie unter den Galgen geschleift hatte, ließ man die Verurteilten einen nach dem anderen auf einen Karren steigen, der unter ihnen weggezogen wurde, so daß sie hingen; danach wurde sofort der Strick durchgeschnitten...; man schnitt sie auf und riß ihnen die Eingeweide heraus, hierauf wurde ihnen der Kopf abgeschlagen und ihre Körper geviertailt. Zuvor hatte man ihnen das Herz ausgerissen und ihnen damit den Mund und das Gesicht eingerieben.«

So beschreibt Eustace Chapuys, Botschafter Kaiser Karls V. am Hof Heinrichs VIII., die Hinrichtung von vier Mönchen[35]. Doch gehören Greuel dieser Art wirklich nur Kriegszeiten und der Vergangenheit an? Abgerissene Köpfe, aufgeschlitzte Körper und andere Verstümmelungen kommen auch heute nicht selten vor, sie sind eher so selbstverständlich geworden, daß man Berichte darüber leicht überliest.

Natingen, November 1978:
»Nach dem abgerissenen Kopf eines 15jährigen Schülers aus Natingen bei Höxter suchte gestern die Polizei. Der abgetrennte Körperteil soll auf die Spur des Autofahrers führen, der auf der Kreisstraße zwischen Borgholz und Natingen einen grausigen Unfall verursachte. Der Kopf des dabei getöteten Schülers fiel nach Angaben eines Sprechers wahrscheinlich auf den Beifahrersitz des Unfallwagens.

Am Samstagabend ... fuhr ein 15jähriger Lehrling auf seinem Mofa von Borgholz nach Hause in Richtung Natingen. Hinter ihm saß sein Zwillingsbruder, der Schüler ... Plötzlich raste ein entgegenkommender Wagen den Zwillingen auf der linken Fahrbahnseite entgegen. Er rammte das Mofa und verletzte den Fahrer schwer. Von dem Beifahrer fanden die Polizisten am Unfallort den Körper und ein abgetrenntes Bein, der Kopf fehlte. Da Teile der zersplitterten Frontscheibe herumlagen, ging die Polizei davon aus, daß der Kopf ins Wageninnere fiel. Der Fahrer flüchtete...« (Bonner General-Anzeiger vom 13.11.1978)

Aber auch weniger spektakuläre Unfälle können für die Betroffenen schwerwiegende Folgen haben:

»Marianne muß ihr Leben lang auf Krücken gehen. Ihr linkes Bein mußte amputiert werden, ihr linker Arm ist gelähmt. Das 18jährige Mädchen ist hundertprozentig erwerbsunfähig. Dies sind die Folgen eines Verkehrsunfalls auf einer Landstraße bei Zülpich...«

...Marianne ... mußte bewußtlos ins Krankenhaus gebracht werden. Neun Wochen lag das junge Mädchen auf der Intensivstation. Ihr linkes Bein war nicht zu retten. Es mußte amputiert werden. Der linke Arm blieb unbeweglich. Wochenlang schwebte Marianne zwischen Leben und Tod. Sie hatte bei dem Unfall fünf Liter Blut verloren. Da H. (der Fahrer des Unfallwagens) ohne Fahrerlaubnis gefahren war, treten für Marianne jetzt erhebliche Schwierigkeiten mit der Versicherung auf.« (Bonner General-Anzeiger vom 11.8.1978)

Was in den Zeitungen hinter der Wendung »mit schweren Verletzungen« oder »wurde schwer verletzt« steckt, bleibt dem unbeteiligten Leser verborgen. Man kann nur ahnen, welche Qualen der Betroffene zu erdulden hat.

Darüber hinaus besagt die statistische Unterteilung der Verkehrsopfer in »getötet«, »schwer-« und »leichtverletzt« sehr wenig. Jemand wird nämlich unter »getötet« geführt, wenn er innerhalb der nächsten dreißig Tage nach dem Unfall den Folgen erliegt. Häufig stirbt jedoch der Verunglückte erst viel später an seinen Verletzungen. So beschreibt Eberhard Gögler[23] den Fall eines 61jährigen Mannes, der auf dem Weg zur Arbeit mit dem Motorrad stürzte und tief bewußtlos mit schweren Kopfverletzungen in eine Klinik eingeliefert wurde. Nach 98 Tagen ständiger Behandlung und künstlicher Ernährung starb er schließlich an den Unfallfolgen. Dieser Mann erscheint in der Statistik als schwerverletzt, weil er nach 30 Tagen noch lebte. In den Vereinigten Staaten benutzt man einen anderen Zeitraum: Dort gilt jemand als tödlich verunglückt, wenn er innerhalb eines Jahres seinen Verletzungen erliegt.

Je nach Schwere oder Art der Verletzung genest der Verunglückte schnell oder langsam oder behält bleibende Schäden. Ist insbesondere das Gehirn betroffen, kann er wochenlang bewußtlos im Krankenhaus liegen und eventuell nie wieder aufwachen. Von einem Mann, der 23 Jahre nach einem Unfall noch im Koma lag, berichtete am 12.12.1978 der Bonner General-Anzeiger:

»**Paris** (dpa) Seit 23 Jahren liegt der heute 42 Jahre alte Paul Balay in Lons-le Saunier im französischen Jura in tiefer Bewußtlosigkeit. Er ist seit dem 11. Dezember 1955, als er von einem Auto erfaßt wurde und schwere Schädelverletzungen erlitt, nicht mehr aus dem Koma erwacht. Der Verletzte wurde fünf Jahre lang in einem Krankenhaus gepflegt und befindet sich seither im Hause seiner jetzt 65 Jahre alten Mutter, die ihn umsorgt und mit Hilfe einer Sonde ernährt.«

Wird ein Fußgänger von einem Personenwagen angefahren, so prallt er gewöhnlich mit der Stoßstange zusammen. Bei Erwachsenen werden hierbei überwiegend die Beine, bei kleineren Kindern der Rumpf verletzt. Da der Stoß in den meisten Fällen unterhalb des Schwerpunkts erfolgt, werden die Beine des Fußgängers in Fahrtrichtung beschleunigt, wogegen sich sein Oberkörper auf das Fahrzeug zu bewegt. Durch diese Drehung trifft nun das Becken auf die Motorhaube, bei über 50 Stundenkilometer gegen die Windschutzscheibe. Kopfverletzungen sind vielfach die Folge. Wegen splitternden Glases kommen oft Schnittwunden hinzu, die meistens bleibende Narben hinterlassen. Fährt der Wagen schneller als 70 km/h, so fliegt der Fußgänger über das Dach des Autos. Bremst der Fahrer schon während oder kurz vor dem Aufprall, ist nach dem Stoß der Fußgänger schneller als der Kraftwagen, weil er in der Luft nicht die Möglichkeit hat, seine Geschwindigkeit zu verringern. Er stürzt dann mehrere Meter vor dem Fahrzeug zu Boden, wobei er sich häufig noch gefährlichere Verletzungen zuzieht, insbesondere Schädel-Hirn-Verletzungen. Stürzt der Fußgänger sofort zu Boden, wenn er angefahren wird, gerät er unter das Fahrzeug. Hierbei wird vielfach der Beckenring zertrümmert oder gesprengt[24].

Nach den Daten, die 1971 in der chirurgischen Universitätsklinik B in Zürich gesammelt wurden[25], waren von den 133 Patienten, die als Fußgänger verunglückten, etwa die Hälfte auf dem Fußgängerüberweg angefahren worden. Überholmanöver spielten dabei im Innerortsverkehr eine große Rolle. Hieran sieht man, wie nachlässig viele mit dem Leben und der Gesundheit anderer umgehen. Erst wenn die eigene Person gefährdet ist, verhalten sich viele Autofahrer vorschriftsmäßig, wie das vorsichtige Überholen von Lastwagen durch Pkw-Fahrer zeigt.

Eine Fahrzeugform, die bei Fußgängerunfällen möglichst wenige Verletzungen hervorruft, steht für die Autohersteller weit hinter dem attraktiven Aussehen und neuerdings einer energiesparenden aerodynamischen Form zurück. Die Stoßstange, die bei Zusammenstößen zwischen Personenwagen nur geringe Bedeutung besitzt und überwiegend als Zierleiste dient, wird weiterhin beibehalten, obwohl sie bedeutend schwerere Verletzungen als eine abgerundete Fahrzeugfront verursacht. Für die Werbung ist es wichtiger, daß der Pkw ein »markantes Gesicht« als harmlosere Formen besitzt. Das Auto soll nämlich dem Käufer, also dem späteren Insassen, gefallen, und dieser stellt höchstens Anforderungen an seine eigene Sicherheit und nicht an die der anderen.

Autoinsassen können größere Geschwindigkeitsänderungen bei einem Zusammenstoß als Fußgänger oder Zweiradfahrer überleben. Aber auch bei ihnen treten typische Verletzungen auf. Prallt der Wagen gegen ein Hindernis, werden sie nach vorne geschleudert. Die

Knie treffen dabei auf das Armaturenbrett, wodurch die Kniescheibe oder das Schienenbein zertrümmert werden kann, der Kopf schlägt gegen die Windschutzscheibe oder ihre Umrahmung. Beim Fahrer sind zusätzlich Brust und Bauch durch das Lenkrad gefährdet. Zu den Lungen- und Herzquetschungen gesellen sich gelegentlich Lungen- und Rippenfellrisse. Sicherheitsgurte wirken diesen Verletzungen entgegen.

Wird ein langsam fahrendes oder stehendes Fahrzeug von hinten an- gefahren, so preßt sich der Rumpf des Insassen gegen die Rücken- lehne des Sitzes, und sein Nacken schleudert ruckartig nach hinten. Prallt nun der Wagen, zum Beispiel in einer Fahrzeugschlange, auf ein Hindernis, so fliegt der Kopf nach vorne. Diese beiden ruckartigen Bewegungen im Genick reichen schon bei Geschwindigkeitsunter- schieden von 15 bis 20 Stundenkilometer zum Bruch des Halswirbels aus. Sicherheitsgurte können diese sogenannten Schleuderverlet- zungen nicht verhindern, sondern nur richtig eingestellte Kopfstüt- zen.

Schutzhelme für alle motorisierten Zweiradfahrer und Sicherheitsgur- te für die vorderen Autositze sind inzwischen vorgeschrieben. Motor- radfahrern empfiehlt man, Lederkleidung und feste Schuhe zu tra- gen. Es wurde auch schon darüber diskutiert, Gurte in Lastwagen und Bussen einzuführen. Gefährdeter als alle anderen Verkehrsteil- nehmer sind jedoch Fußgänger und Radfahrer. Auch für sie gäbe es mögliche Schutzkleidung, nämlich für beide den Helm, für den Radler darüber hinaus feste Lederkleidung, für den Fußgänger dick gepol- sterte Bein- und Armschienen, natürlich in schreiend gelber und oran- gener Farbe, damit er auch im Dunkeln nicht zu übersehen ist. Als wirksame Vorbeugungsmaßnahme gegen Lungenkrebs wäre noch die Gasmaske zu empfehlen. Wieso ist noch niemand auf die Idee ge- kommen, auch die nichtmotorisierten Straßenbenutzer vor den Fol- gen eines Unfalls zu bewahren, indem man sie in autogerechte Zwangsjacken steckt? Im Bewußtsein vieler Kraftfahrer ist es schon längst so, daß ein dunkel gekleideter Fußgänger trotz vorschriftsmä- ßigen Verhaltens selber an einem Unfall schuld hat.

Der Grund, daß man die Straße immer noch ohne Rüstung betreten darf, ist wohl in unterbewußten Schuldgefühlen der Autofahrer zu se- hen. Durch solche Schutzkleidung gäbe man nämlich zu, daß der

Straßenverkehr alle gleichermaßen gefährdet und nicht in erster Linie die Motorisierten, die das Risiko freiwillig eingehen. Eine derartige Vorschrift führte den menschenrechtsverletzenden Zug des heutigen Straßenverkehrs, daß nicht nur seine Nutznießer die von ihm erzeugten Nachteile hinnehmen müssen (s. Kap. 11), deutlich vor Augen, was auf keinen Fall beabsichtigt ist. Daher ziehen es viele Verantwortliche weiterhin vor, die Gefährdung des Autofahrer zu betonen und die des Fußgängers nur nebenbei zu erwähnen. Ein Blick insstatistische Jahrbuch zeigt jedoch, daß zum Beispiel 1976 innerhalb von Ortschaften 3708 zu Fuß oder auf dem Rad und 2414 in einem Kraftfahrzeug tödlich verunglückten.

Während die Opfer in vielen Fällen bleibende Schäden aus dem Unfall davontragen, sind die Folgen für den schuldigen Autofahrer meist verhältnismäßig gering. Bei fahrlässigem Verhalten zahlt normalerweise die Haftpflichtversicherung für den entstandenen Schaden, so daß der Unfallverursacher allein die zugesprochene Strafe verbüßen muß. Und diese ist bei einem vom Pech verfolgten Autofahrer, der im entscheidenden Moment eine für alle verständliche Fehlleistung erbrachte, nicht besonders hoch. Als Beispiel soll ein Unfall dienen, der sich im Januar 1978 im Rhein-Sieg-Kreis ereignete:

»**Tödlich endete ein Zusammenprall mit einem Personenkraftwagen am 19. Januar 1978 für zwei Radler auf der Strecke Eschmar — Mondorf. Zu acht Monaten Freiheitsstrafe auf Bewährung wurde gestern der Fahrer des Unglückswagens, Hans Jürgen Sch. (26) ... wegen fahrlässiger Tötung verurteilt.**

Ihren schweren Kopfverletzungen erlag das Ehepaar Monika (21) und Michael G... (24) am Unfallort. Sie hinterlassen einen Sohn. Das Bild, das sich Polizei und Sachverständigen bot, war grausig: zwei senkrecht ineinander verstauchte Räder, ein Fahrradsattel im Baumwipfel, eine Plastiktüte mit Schallplatten und ein Herrenschuh, der weit ins Feld geschleudert worden war. Auf dem an der Straße liegenden Acker stand mit zerbrochener Windschutzscheibe der leere Pkw. Den Fahrer stöberten die Beamten dreißig Minuten später in verstörtem Zustand vor einer Telefonzelle auf ...

Laut Aussagen des Sachverständigen fuhr Hans-Jürgen Sch. mit Tempo 70 in eine Linkskurve. In der Dunkelheit sah er die Radfahrer zu spät, um zu bremsen ...

Entgegen den Aussagen Hans-Jürgens, die Radfahrer seien in Fahrbahnmitte ohne Beleuchtung gefahren, berichtete ein Augenzeuge, daß Monika und Michael G. hintereinander auf der rechten Fahrbahnseite unterwegs waren. Beide Räder waren beleuchtet.

Zehn Glas Bier hatte Hans-Jürgen bei seinem Schwiegervater zu sich genommen. Nach den Feststellungen des Schöffengerichts war jedoch das Fehlverhalten von

Hans-Jürgen Sch. nicht auf den Alkoholkonsum zurückzuführen. 'Leider fahren auch nüchterne Autofahrer zu schnell', rügte Richter Franz Jünnemann. 'Man darf auf jeder Straße nur so schnell fahren, daß man in Sichtweite anhalten kann', stellte der Richter bei der Urteilsbegründung fest. Die Tatsache, daß viele Autofahrer sich nicht an diese Regel halten, mindere nicht die Schuld.« (Bonner General-Anzeiger vom 28.11.1978)

Zwei Tote, zehn Glas Bier, überhöhte Geschwindigkeit und acht Monate auf Bewährung — eine bemerkenswerte Zusammenstellung.

Viele Artikel über Gerichtsurteile zeigen, daß häufig mehr der Autofahrer als das Opfer bedauert wird. So konnte man am 29.7.1978 im Bonner General-Anzeiger folgende Schlagzeilen lesen: »Junge Fahrerin kam mit neuer Steuerung nicht zurecht. Mit Großvaters Auto in Schaufenster gerast. Passantin starb noch an der Unfallstelle. 1200 Mark Geldstrafe — Richter bewies Verständnis« und am 27.7.1978: »'Bleib stehen, bleib bloß stehen'. Halbe Sekunde Fehlleistung am Steuer brachte 68jähriger Rentnerin den Tod. 6,5 Stundenkilometer zu schnell gefahren — 3600 Mark Geldstrafe«.

Es wirkt häufig so, als ob nicht die Verletzten, sondern die betroffenen Autofahrer die Hauptleidtragenden des Unfalls wären. Vielleicht liegt das daran, daß sich viele in sie leichter versetzen können — denn so etwas kann ja auch einem selber passieren — wogegen der Tod einer unbekannten Frau weniger berührt. Daß man selber überfahren werden kann, vergißt man allzugern.

Neben den körperlichen Beeinträchtigungen, die ein Unfallopfer erleidet, kommen noch finanzielle Belastungen, sei es durch den entstandenen Sachschaden, durch Krankenhauskosten, Erwerbsunfähigkeit oder durch den Unterhalt für die Hinterbliebenen. Nach dem Bürgerlichen Gesetzbuch hat jemand, der vorsätzlich oder fahrlässig Leben, Gesundheit oder Eigentum eines anderen widerrechtlich verletzt, für den entstandenen Schaden zu haften (§ 823 BGB). Da ein Verkehrsunfall häufig Schäden verursacht, die weit über die finanziellen Möglichkeiten eines einzelnen hinausgehen, müssen alle Fahrzeughalter in einer Haftpflichtversicherung sein. Fußgänger und Radfahrer brauchen sich dagegen nicht zu versichern, müssen aber auch für die Unfallfolgen des anderen haften, wenn ihnen die Schuld zugesprochen wird.

Gerade beim heutigen Straßenverkehr, an dem jeder teilnehmen und seine Risiken tragen muß, ob er sich motorisiert fortbewegt oder nicht, ist die Haftpflichtregelung problematisch: leichte Fahrlässigkeit reicht schon aus, um eventuell lebenslang zahlen zu müssen. Ein Fußgänger, der etwas döst, oder ein Radfahrer, der zu spät die Richtung anzeigt, muß bei einem Unfall mit tödlichem Ausgang den Hinterbliebenen ständig Rente zahlen[26]. Aber selbst kleine Schrammen an neuwertigen Wagen der Spitzenklasse können für einen Fußgänger oder Radfahrer, der sie nach den Paragraphen verschuldete, eine hohe finanzielle Belastung bedeuten.

Es ist fraglich, wie weit man beim heutigen Verkehr überhaupt von »Schuld« an einem Unfall sprechen kann. Handlungen, die jeder täglich mehrfach ausführt, zum Beispiel das Grüßen eines Bekannten im Vorübergehen oder der Blick zur Armbanduhr, können schon einen Unfall auslösen, weil man für wenige Sekunden die Straße aus dem Auge ließ. Die »Erbsünde« des Menschen im Kraftfahrzeugverkehr besteht darin, daß er nicht nur als Verkehrsteilnehmer denkt und fühlt, sondern auch anderweitige Interessen hat. Die »Schuld« liegt eher bei denen, die die Verkehrssituation erzeugen. Nicht das unbeabsichtigte Fehlverhalten eines Fußgängers verursacht in Wirklichkeit den Unfall, sondern die Summe aller Handlungen, die aus den ungefährlichen Begegnungen von Menschen gefährliche Begegnungen zwischen Mensch und Maschine machen. Unter diesem Aspekt müßte eigentlich jeder Unfallschaden abgedeckt sein, ganz gleich, wer ihn verursachte. Dabei wäre es jedoch falsch, auch für Fußgänger einen Haftpflichtzwang einzuführen; dies liefe darauf hinaus, daß jemand für einen Zustand bezahlt, den er nicht verschuldet. Die Kosten müßten von denen getragen werden, die durch die Art ihrer Fortbewegung die Gefahren überhaupt erst schaffen, d.h. von den Kraftfahrern und in bedeutend geringerem Umfang von Benutzern nichtmotorisierter Verkehrsmittel wie das Fahrrad.

Wird ein Unfall durch ein »unabwendbares Ereignis« verursacht, so braucht die Versicherung nicht zu zahlen, und das Opfer geht leer aus. Ein unabwendbares Ereignis liegt vor, wenn allein der Verletzte oder eine dritte Person, ein Tier oder ein plötzlich auftretendes Naturereignis den Unfall verschuldete[28]. Trug das Opfer einen Teil der Schuld, verringern sich ebenfalls seine Ansprüche[26]. Ein Kind, das plötzlich zwischen Sichthindernissen am Fahrbahnrand hervorsprang, ohne daß der Kraftfahrer es rechtzeitig erblicken noch vermuten konnte, bekommt zum Beispiel keine Entschädigung und ist bei lebenslanger Arbeitsunfähigkeit auf das Existenzminimum angewiesen.

Die Haftpflichtversicherung ist in den meisten Fällen auf einen bestimmten Betrag begrenzt. Wird er durch die Unfallkosten überschritten, so braucht die Versicherungsgesellschaft für den Rest nicht mehr aufzukommen. In diesem Fall muß der schuldige Autofahrer aus eigener Tasche zahlen, was für ihn eine hohe finanzielle Belastung darstellt. In vielen Fällen kann er nicht den gesamten Restbetrag aufbringen, so daß das Opfer weniger bekommt, als ihm zusteht.

Zur Zeit sind die Mindesthaftpflichtsummen 500 000 DM für Personenschäden, 100 000 DM für Sachschäden, 20 000 DM für sonstige Vermögensschäden und 750 000 DM für den Fall, daß mehrere Personen verletzt wurden, vorgeschrieben. Diese Summen werden bei schweren Unfällen leicht überschritten. Verursacht zum Beispiel ein Arbeiter einen Verkehrsunfall, in dem ein gut verdienender Arzt getötet wird, dessen Witwe eine monatliche Rente von 2000 DM zugesprochen bekommt, so stehen ihr bei einer Lebenserwartung von noch 40 Jahren insgesamt 960 000 DM zu; die Versicherung zahlt hiervon 500 000 DM, die restlichen 460 000 DM hat der Arbeiter zu zahlen. Das bedeutet eine monatliche Belastung von fast 1000 DM, die er nicht aufbringen kann[28].

Auch wenn die Unfallkosten voll gedeckt sind, können bis zur Auszahlung noch eine Reihe von Schwierigkeiten auftreten. Um zu bekommen, was einem zusteht, muß man nämlich genau seine Rechte und Pflichten kennen, was bei den komplizierten Rechtsverhältnissen für einen Nichtjuristen kaum möglich ist. Verpaßt man einen Termin, so können schon die Ansprüche verloren gehen.

Insgesamt werden also in einer Reihe von Fällen die Verkehrsopfer nicht ausreichend entschädigt. Und selbst, wenn alle materiellen Nachteile beglichen sind, bleiben noch die Schäden, die sich nicht mit Geld aufwiegen lassen. Schmerzensgeld ist meistens kein echter Ausgleich für entgangene Freuden und persönliches Leiden, die der Unfall verursachte.

4. Energiehunger und Benzindurst

Sonntag, der 25. November 1973: Eine ungewöhnliche Stille herrscht auf den Straßen. Wo sich sonst selbst am Wochenende lange Fahrzeugkolonnen vorwärtsschieben, sieht man heute fast ausschließlich Fußgänger und Radfahrer. An den Autobahnauffahrten stehen Polizisten, nur gelegentlich nähert sich ein Kraftwagen. Er wird angehalten. Der Fahrer muß eine Bescheinigung vorzeigen, bevor er weiter darf.

Die Bundesregierung hat für diesen und die kommenden drei Sonntage ein Fahrverbot für alle Kraftfahrzeuge angeordnet. Nur in wenigen Ausnahmefällen darf das Auto benutzt werden. Selbst Mofas und Fahrräder mit Hilfsmotor sind hiervon betroffen. Der Grund liegt im Ölembargo, das die OPEC (Organisation der Erdöl exportierenden Staaten) gegen die Verbraucherländer verhängt hat. In dieser Zeit wird den Industrienationen deutlich vor Augen geführt, wie abhängig sie von eingeführtem Erdöl und von großen Energiemengen geworden sind.

Obwohl Rohöl und einige seiner natürlichen Umwandlungsprodukte wie Pech schon seit Jahrtausenden bekannt sind, haben sie zur Energiegewinnung erst seit dem 19. Jahrhundert Bedeutung erlangt. Schon im Alten Testament werden sie an mehreren Stellen erwähnt, so zum Beispiel Pech zum Bau der Arche in 1. Mose 6, 14:»Mache dir einen Kasten von Tannenholz und mache Kammern darin und verpiche ihn mit Pech innen und außen.«

Früher waren die Mengen, die man von diesen Stoffen zur Verfügung hatte, vergleichsweise gering; nur reine Oberflächenvorkommen konnten ausgebeutet werden. In einigen Gebieten schwammen Erdölprodukte auf dem Wasser von Brunnen und Tümpeln oder sammelten sich in Vertiefungen. Man verwendete sie als Heil- und Schmiermittel, als Fußbodenbelag und Mörtel wie im Palast der sagenhaften assyrischen Königin Semiramis (9. Jahrhundert v.Chr.), zur Beleuchtung der Leuchttürme oder als Brandgeschosse im Krieg[29]. Seit dem Mittelalter dienten einige Erdöle als Brennstoffe für Lampen. Da die Raffination noch unbekannt war, konnten nur wenige Sorten hierzu verwendet werden, die meisten rußten zu stark oder brannten nicht mit einem einfachen Docht.

Erst Anfang des 19. Jahrhunderts nahm der Rohölbedarf zu. Während bisher nur Wohlhabende zur Beleuchtung ihrer Häuser Lampen verwenden konnten, in denen man vorwiegend das teure Walöl verbrannte, entstand nun auch in den ärmeren Schichten der Wunsch nach Lampenöl. Man begann daher verstärkt, nach dem »Schwarzen Gold« zu suchen. Die Oberflächenvorkommen reichten bald nicht mehr aus, so daß man die ersten Bohrungen durchführte. 1857 entstand die erste Erdölgesellschaft, die Pennsylvania Rock Oil Co., die zwei Jahre später bei Titusville fündig wurde. Wie beim Goldrausch zog in den folgenden Jahrzehnten der flüssige Brennstoff Abenteurer und Glücksucher in die Ölgebiete von Pennsylvania. Ein harter Konkurrenzkampf war die Folge, so daß zeitweise Öl billiger als Trinkwasser wurde[30]. In der folgenden Zeit bildeten sich sieben Erdölgesellschaften heraus, die sich teils entschieden bekämpften, teils durch Absprachen den Marktpreis diktierten: Esso, Chevron, Mobil, Gulf, Texaco, Shell und BP, die sogenannten Sieben Schwestern. Sie beherrschten bis zur Gründung der OPEC auf Initiative Venezuelas im Jahre 1960 den gesamten Erdölmarkt, und auch danach verschwand ihr Einfluß keineswegs.

Mit der Erfindung des Kraftfahrzeugs stieg der Bedarf an flüssigem Brennstoff stark an. Während man 1880 auf der ganzen Welt knapp zwei Millionen Tonnen Erdöl produzierte, war es ein Jahrhundert später etwa 1500mal so viel. Der ganze Lebensstil der Industrienationen richtete sich mit der Zeit auf diesen flüssigen, bequemen und billigen Rohstoff aus: Ölheizungen, Autos, Flugzeuge und Schiffe, Asphaltstraßen, Plastikerzeugnisse und vieles mehr führten nun zu einer starken Abhängigkeit vom Erdöl.

Neben Erdgas und Kohle gehört Erdöl zu den fossilen Brennstoffen. Diese drei Formen bildeten sich aus abgestorbenen Pflanzen und Tieren vor rund 50 bis 300 Millionen Jahren. Für ihre Entstehung benötigten sie Zeiträume von mehreren Millionen Jahren. Ihre Menge ist, wie noch an Hand der Kohle und des Erdöls gezeigt werden soll, beschränkt, und ihr abbaubarer Teil reicht bei dem momentanen Verbrauch nur wenige Jahrhunderte. Selbst wenn heute Prozesse im Gang wären, die zu neuen Kohle-, Erdöl- und Erdgasfeldern führten, vergingen noch viele Millionen Jahre, bis man sie abbauen könnte. Daher zählen sie zu den nichterneuerungsfähigen Energiequellen.

Die einzige Energiequelle, die fast unbegrenzt zur Verfügung steht, ist die Sonneneinstrahlung. Sie wird noch in den nächsten Milliarden Jahren erhalten bleiben. Sie versorgt die Pflanzen mit der Energie, die sie zum Wachsen benötigen und liefert somit auch die Nahrung für Mensch und Tier. Pflanzen als Nahrung oder als Brennstoff entstehen immer wieder von neuem, solange die Sonne noch scheint und die erforderlichen Lebensbedingungen auf der Erde erfüllt sind. Darüber hinaus wird die Energie, die man Wind und Wasser abringt, mit ihrer Hilfe immer wieder nachgeliefert. Durch die Sonnenwärme verdunstet Wasser aus den Meeren und gelangt als Regen wieder zur Erde. Der Niederschlag speist die Flüsse, deren Strömung Kraftwerke ausnutzen. Durch die unterschiedliche Erwärmung des Bodens entstehen Luftströmungen, die Windmühlen antreiben. Verwendete man ausschließlich Energie aus diesen Quellen, so gäbe es keine Krise, denn die Sonne liefert sie ständig nach[31]. Der größte Teil jedoch, der in den industrialisierten Staaten verbraucht wird, stammt aus nichterneuerungsfähigen Quellen.

Während die heutigen Kraftwerke zur Stromerzeugung radioaktive Elemente, Kohle, Erdgas, Erdöl, Wasser und in wärmeren Gebieten auch direkt die Sonnenstrahlung verwenden, in den privaten Haushalten mit Kohle, Erdöl, Erdgas oder Strom geheizt wird und die öffentlichen Verkehrsmittel mit Erdölprodukten oder Strom fahren, sind die Kraftstoffe für den heutigen Pkw-Verkehr fast ausschließlich auf Benzin und Dieselöl beschränkt. Der Durchschnittspersonenwagen verbraucht (entgegen den Angaben der Werbung, die sich meistens auf eine konstante Geschwindigkeit von 90 km/h beschränken) auf 100 Kilometer etwa 11 Liter Treibstoff, weiterhin benötigt er Schmieröl, Motoren- oder Getriebeöl. Selbst Frost- und Rostschutzmittel werden aus diesem Rohstoff hergestellt. Die Fahrbahndecke, zum Teil auch die Fundament- oder Tragschicht, bestehen aus dem Erdölprodukt Asphalt. Kopfsteinpflaster sind unüblich geworden, weil sie die Geschwindigkeit des Verkehrs herabsetzen. Der heutige Autoverkehr hängt somit mehr als jeder andere Bereich der Gesellschaft vom Erdöl ab.

Bis 1973/74 förderte die Bundesrepublik mit jährlich 7 bis 8 Millionen Tonnen fast die Hälfte des westeuropäischen Rohöls. Durch die Funde in der Nordsee, die sich auf England zu 69 Prozent, Norwegen zu 29 Prozent, Holland und Dänemark zu je etwa einem Prozent aufteilen, trat Deutschland unter den westeuropäischen Erdölförderern stark zurück. Schon 1975 war sein Anteil auf ein Viertel der gesamten westeuropäischen Produktion abgefallen.

Während 1975 die Bundesrepublik 5,7 Millionen Tonnen Rohöl förderte, verbrauchte sie im selben Jahr volle 128,7 Millionen Tonnen. Die restlichen 123 Millionen Tonnen mußten durch Importe gedeckt werden. Für die anderen Industrienationen gilt ähnliches. Nur England kann hoffen, in den nächsten Jahren von der Einfuhr größtenteils unabhängig zu sein und auch gewisse Mengen selber exportieren zu können. 1976 verschiffte das Königreich 0,5 Millionen Tonnen Nordseeöl in die Bundesrepublik und 0,6 Millionen in die Vereinigten Staaten. Da es sich beim Nordseeöl um das hochwertige Leichtöl handelt, mußte der Bedarf an billigerem Schweröl eingeführt werden[32].

Wie sehr die Industriestaaten von den Erdöl exportierenden Ländern abhängen, zeigten die Preiserhöhungen im Winter 1973/74 besonders deutlich. Der Nahe Osten und Afrika verfügen über zwei Drittel der bekannten Weltölreserven, Nordamerika, Westeuropa und Japan, die nahezu zwei Drittel verbrauchen, besitzen jedoch nur rund 10 Prozent[33].

Der Erdölverbrauch der Welt liegt zur Zeit knapp unter 3 Milliarden Tonnen im Jahr. Wenn er in der kommenden Zeit gleichbleibt, verschwinden zwischen 1980 und dem Jahr 2000 rund 60 Milliarden Tonnen in Heizungen und Motoren; allerdings ist zu erwarten, daß der Bedarf weiterhin ansteigt, selbst wenn sich die Industriestaaten einschränken sollten, denn immer mehr Entwicklungsgebiete bauen Industrien auf und verlangen somit auch ihren Anteil an diesem begehrten Rohstoff. Voraussichtlich werden bis zur Jahrtausendwende sogar bis zu 110 Milliarden Tonnen verbraucht, wenn nichts Unvorhergesehenes geschieht.

Diesen Werten stehen die Erdölreserven gegenüber. 1979 waren rund 80 Milliarden Tonnen durch Bohrungen bestätigt[33]. Schätzungsweise lagern insgesamt 600 Milliarden Tonnen noch erreichbar in der Erde, wovon man etwa 270 Milliarden mit den heutigen Methoden fördern kann[29]. Daneben läßt sich Rohöl aus Totölsanden gewinnen, wozu allerdings noch wirtschaftlich durchführbare Verfahren fehlen, und aus Ölschiefer. Beide Sorten übersteigen die flüssigen Vorräte bei weitem, sind aber selbst bei verbesserter Technik nur sehr beschränkt ausbeutbar. Mit den heutigen Methoden lassen sich hieraus nur insgesamt 60 Milliarden Tonnen erzeugen. Darüber hinaus birgt die Erde noch große Mengen an Erdölprodukten, die man voraussichtlich nie fördern kann, weil ihre Lagerstätten unzugänglich oder viel zu klein sind, als daß man sie sinnvoll ausbeuten könnte. Beim heutigen Stand der Technik harren also insgesamt noch rund 330 Milliarden Tonnen auf Förderung, eine scheinbar große Menge, die jedoch bis Mitte des kommenden Jahrhunderts leicht verbraucht sein könnte.

Für die Zukunft des Erdölverbrauchs spielt noch eine weitere Tatsache eine wichtige Rolle: Die leicht gewinnbaren Vorräte werden zuerst angegriffen, und erst später wendet man sich den schwer zugänglichen zu. Hierdurch wird es immer schwieriger und kostspieliger, neue Vorkommen zu erschließen und nutzbringend auszubeuten. Die Folge ist, daß zwar der Preis für Rohöl zur Zeit so niedrig wie möglich liegt, später allerdings nur noch unter erschwerten Bedingungen gefördert werden kann. Aus diesem Grunde können die Preise für Erdölprodukte auf die Dauer nicht sinken, sondern nur steigen.

Schwer zu erreichende Lagerstätten bringen neben höherem technischen Aufwand und größeren finanziellen Belastungen auch noch Umweltprobleme mit sich: Inzwischen hat man schon begonnen, auf dem Meeresgrund und im Eis von Alaska dem Schwarzen Gold nachzujagen, und bedroht auf diese Weise Natur und Tierwelt. Unfälle auf Bohrinseln sind längst keine Seltenheit mehr, sondern treten trotz der ständigen Beteuerungen, wie sicher die Anlagen seien, immer wieder auf. Erwähnt seien die Unfälle auf den Bohrinseln Bravo im Frühjahr 1977 und Ixtoc eins vor der Küste Mexikos im Sommer 1979.

Wie groß der gesamte Vorrat der Welt an fossilen Brennstoffen einschließlich des unzugänglichen Teils ist, läßt sich zur Zeit nicht bestimmten. Es weist vieles daraufhin, daß die Vorräte, die man nie fördern kann, den größten Teil aller brennbaren Bodenschätze ausmachen. Auf den ersten Blick mag das bedauerlich erscheinen, berücksichtigt man jedoch eine erdgeschichtliche Annahme, so müßte man sogar froh darüber sein: Vermutlich besaß die Erdatmosphäre anfangs keinen Sauerstoff. Erst die Pflanzen wandelten Kohlenstoff-

Sauerstoff-Verbindungen und Wasser in Kohlenstoff-Wasserstoff-Verbindungen und Sauerstoff um, bis sich vor etwa 500 Millionen Jahren 20 Prozent dieses lebenswichtigen Gases in der Luft angereichert hatte. Ein großer Teil blieb in der Luft, während die Kohlenstoff-Wasserstoff-Verbindungen als Pflanzenüberreste und schließlich als Kohle, Erdöl und Erdgas in der Erde eingeschlossen wurden. Beim Verbrennen dieser fossilen Energiequellen läuft der einstige Entstehungsprozeß rückwärts, das heißt, die Kohlenwasserstoffe bilden gemeinsam mit der Luft Wasser und Kohlendioxid[34].

Auch heute wachsen Pflanzen durch Aufnahme von Wasser und Kohlendioxid mit Hilfe von Sonnenenergie und geben hierbei freien Sauerstoff ab, Tiere »verbrennen« die verzehrten Pflanzen, wozu sie freien Sauerstoff benötigen, und geben Kohlendioxid und Wasser ab. Diese beiden Stoffwechselvorgänge halten sich im Gleichgewicht. Durch Verbrennen von fossilen Energiequellen wird jedoch mehr Sauerstoff verbraucht, als zur Zeit entsteht. Somit nimmt auch dieser Rohstoff ab, wenn man dies auch erst in großen Städten und an befahrenen Straßen feststellen kann.

Falls durch zunehmende Umweltzerstörung Wälder und Meerespflanzen verschwinden, nimmt freier Sauerstoff schnell ab. Selbst ein Rückgang um wenige Prozent führt schon zu Atemnot, weil die Luft mindestens zwölf bis fünfzehn Prozent dieses Gases enthalten muß, damit sie überhaupt noch von Menschen verwertbar ist.

Etwa ein Drittel des gesamten Erdöls verbrennt in Form von Benzin und Dieselkraftstoff in Fahrzeugmotoren, der Rest verteilt sich auf alle übrigen Bereiche — Haushalt, Landwirtschaft, Kraftwerke und Industrie. Erdöl ist keine einheitliche Substanz, sondern setzt sich aus verschiedenen Bestandteilen zusammen, von denen sich nur einige für Kraftfahrzeugmotoren eignen. In den Raffinerien werden sie voneinander getrennt: Man erhält Gase, Leichtöle, Mittelöle, Schweröle, Bodenprodukte und Petrolkoks. Benzin entsteht wie Petroleum aus Leichtöl, Dieselkraftstoff aus den Mittelölen[36]. Die schweren Bestandteile des Rohöls eignen sich nicht für die üblichen Motoren; man kann sie nur unter großem Energieaufwand in Vergaserkraftstoff umwandeln.

Wegen der starken Abhängigkeit des Autos vom Erdöl führen steigende Preise und unsichere Lieferungen dazu, daß verstärkt nach Ersatzkraftstoffen gesucht wird. Da die Bundesrepublik über gute Kohlevorkommen verfügt, liegen schon Vorschläge für die Erzeugung von Benzin aus Kohle vor. Hierbei handelt es sich um keine neue Idee; gegen Ende des Zweiten Weltkriegs produzierte die deutsche Industrie fast 5 Millionen Tonnen flüssigen Treibstoff aus Kohle. Später ließt man von diesem Verfahren wieder ab, weil Erdöl aus dem Ausland billiger war[37].

Bei der Kohleverflüssigung spaltet man die großen Kohlemoleküle, die durchschnittlich aus einer halben Million Atome bestehen, in kleinere und reichert sie mit Wasserstoff an. Dieser Prozeß setzt hohe Drücke und Temperaturen voraus[38], was wiederum große Energiemengen verschlingt. Um sie aufzubringen, kann man entweder zusätzlich Kohle verbrennen oder Kernkraftwärme verwenden. Für eine Tonne Benzin benötigt man etwa 3 1/2 Tonnen Steinkohle.

Bei den heutigen Benzinpreisen von etwa 1,30 DM pro Liter ist dieses Verfahren noch nicht wirtschaftlich, denn bei gleicher steuerlicher Belastung für Benzin aus Kohle wie für Benzin aus Erdöl ergäbe sich ein Tankstellenpreis von 1,45 Mark[39].

Als Ersatz für herkömmliches Benzin kommt Methanol in Frage. Aus einer Tonne Kohle lassen sich zwei Tonnen diese Vergaserkraftstoffs erzeugen, wenn man die zur Umwandlung notwenigen großen Energiemengen aus Kernkraftwerken bezieht. Zwei Tonnen Methanol besitzen etwa denselben Heizwert wie eine Tonne Benzin[37]. Methanol ist zwar giftig, gibt aber beim Betrieb des Kraftfahrzeugs weniger Schadstoffe an die Luft ab als das herkömmliche Benzin. Ottomotoren können mit Benzin laufen, dem 15 Prozent Methanol zugegeben wurde. Die Fahrzeuge müßte man hierfür jedoch geringfügig umrüsten, weil Methanol Materialien angreift, aus denen einige Kraftfahrzeugteile bestehen[40].

Sowohl für die Herstellung von Benzin als auch für die Erzeugung von Methanol werden große Kohlemengen benötigt. Schätzungsweise lagern in der Bundesrepublik zwischen 70 und 286 Milliarden Tonnen, wobei der höhere Wert alle Flöße bis zu 2000 Metern Tiefe und bis hinab zu 30 Zentimetern Stärke umfaßt; als abbauwürdig sieht man heute jedoch nur Flöße an, die eine Mindeststärke von 60 Zentimetern aufweisen[41]. Obwohl man aus 70 Milliarden Tonnen Kohle etwa

20 Milliarden Tonnen Benzin erzeugen kann, den Bedarf der Kraftfahrzeuge in der Bundesrepublik für die nächsten 300 Jahre, muß man bedenken, daß nicht nur Autos, sondern auch Heizungen und Industrie Energie benötigen. Wollte man den gesamten Energieverbrauch von Deutschland aus Kohle bestreiten, so wären in 50 Jahren die 70 Milliarden Tonnen verbraucht, womit den künftigen Generationen dieser Bodenschatz vollständig verlorenginge.

Als die ideale Lösung wird häufig Wasserstoff hingestellt. Wasserstoff sei im Meer zur Genüge vorhanden, habe einen dreimal höheren Heizwert als Kohle, liefere bei der Verbrennung als einziges Abgas Wasserdampf und sei somit die umweltfreundlichste Energiequelle, argumentieren seine Befürworter. In der Natur kommt Wasserstoff jedoch nicht in reiner, sondern nur in gebundener Form vor. Er ist sowohl in Erdöl als auch in Wasser enthalten und muß, um überhaupt erst verbrannt werden zu können, vorher seine chemischen Bindungen lösen. Hierzu benötigt man große Energiemengen, und zwar je nach Verfahren die doppelte bis vierfache Energie, die später beim Verbrennen wieder zur Verfügung steht[42]. Zwar gibt es Vorschläge, hierfür die Sonnenenergie zu benutzten, die in Wüstengebieten kostenlos zur Verfügung stünde, aber damit begäbe man sich wieder in Abhändigkeit von ausländischer Lieferung, ganz abgesehen von den ökologischen Veränderungen, die Anlagen der notwendigen Größe hervorriefen.

1929 baute Georg C. P. Impert den ersten Lastwagen, der statt mit Benzin mit Holz »getankt« wurde. Der Holzgasgenerator wandelt wie bei der Kohlevergasung Holz in ein brennbares Gas um, das den Fahrzeugmotor antreibt. Unabhängig von ihm entwickelte Paul Zanker einen Holzgasgenerator für Personenwagen und nahm 1934 mit einem Holzgasauto an einer internationalen Alpenfahrt teil. Als 1940 während des Zweiten Weltkriegs im Deutschen Reich Erdöl knapp wurde, griff man die Idee der Holzvergasung wieder auf. Eine »Gesellschaft für Tankholzgewinnung und Holzabfallverwertung« sollte für die 6000 Holzgeneratorwagen, die im selben Jahr gebaut wurden, den Brennstoff beschaffen. 1941 fuhren bereits rund 20 000, 1942 etwa 80 000 Wagen mit diesem Kraftstoff. Ein solcher Wagen verbrauchte Holz in der Größenordnung von 100 Kubikmetern im Jahr. Die Zeit der Holzgasautos ging 1949 zu Ende, als billig Erdöl auf den Markt kam[43]. Auch heute denkt man auf der Suche nach alternativen

Vergaserkraftstoffen wieder an diese Möglichkeit. Papierpreiserhöhungen in den letzten Jahren zeigten jedoch deutlich, daß auch Holz nicht unbegrenzt zur Verfügung steht. Bäume brauchen ihre Zeit, um eine Höhe zu erreichen, die für eine sinnvolle Verwertung notwendig ist. Sie liefern einen Teil des Sauerstoffs, der auch nicht unbegrenzt zur Verfügung steht. Aufforsten kostet viel und wird daher häufig nur unzureichend oder auch gar nicht betrieben. Auch braucht ein neu angelegter Wald Jahrzehnte, bis er wieder die Luft ausreichend verbessert. Daher ist fraglich, ob Holzgasautos wirklich eine gute Lösung darstellen.

Neben den Elektrowagen, die beim heutigen Stand der Technik mit einem 320 kg-Batterie-Paket 75 Kilometer weit bei 50 Stundenkilometern fahren können, werden auch gemischte Antriebe vorgeschlagen, bei denen das Auto mit Benzin fährt, bergab eine Batterie auflädt, die dann einen Elektromotor in der Stadt antreibt. Dieses System ist in erster Linie für Überlandbusse interessant. Für Personenwagen schaffen dagegen höheres Gewicht (und damit größerer Verbrauch) und kleinere Reichweite erhebliche Nachteile.

Darüber hinaus experimentiert man zur Zeit damit, Abfälle, Klärschlamm und Zuckerrohr in Kraftstoff für Personenwagen umzuwandeln[44].

Am 12. April 1979 stand im Bonner General-Anzeiger unter der Überschrift »'Süßer Sprit' aus Zuckerrüben« folgende Meldung:

»Münster. (ap) Angesichts der kritischen Situation auf dem Energiemarkt hat die Landwirtschaftskammer Westfalen-Lippe in Münster am Mittwoch auf die Möglichkeit aufmerksam gemacht, aus Zuckerrüben Kraftstoff zu gewinnen. Von einem Hektar-Ertrag an Zuckerrüben lasse sich eine Energiemenge gewinnen, die dem Brennwert von etwa 4200 Litern Superbenzin entspreche. Nach Angaben der Kammern würde die letztjährige Zuckerrübenernte von 18,7 Millionen Tonnen theoretisch eine Produktion von rund 1,7 Milliarden Litern Superbenzin ergeben. Diese Menge würde ausreichen, daß 1 150 000 Personenkraftwagen im Jahresdurchschnitt 15 000 Kilometer zurücklegen könnten. Insgesamt seien in der Bundesrepublik 1978 etwa 31 Mrd. Liter Vergaserkraftstoff getankt worden.«

Nach den angegebenen Werten braucht man, um den ganzen Vergaserkraftstoff aus Zuckerrüben herzustellen, 331 Milliarden Tonnen Zuckerrüben; um diese Menge zu erhalten, müßte man eine Fläche von 7,4 Millionen Hektar bebauen, also mit 74 000 Quadratkilometern 56 Prozent der gesamten landwirtschaftlich genutzten Fläche oder

30 Prozent der gesamten Bundesrepublik. Bei einer jährlich gefahrenen Strecke von 15 000 Kilometern verbrennt dann ein einzelner Wagen 16 300 Kilogramm Zuckerrüben, also durchschnittlich 45 Kilogramm am Tag. Man bedenke, wieviele Menschen täglich verhungern, und daß der Nährwert von 45 Kilogramm Zuckerrüben für 7 Menschen pro Tag ausreichte. Die Frage, woher die notwendigen Lebensmittel kämen, wenn man den größten Teil der landwirtschaftlich genutzten Fläche zur Erzeugung von Kraftstoff verwendete, läßt sich unter diesem Gesichtspunkt wohl auch leicht beantworten: aus Entwicklungsländern mit einer großen armen Masse und einer kleinen reichen Oberschicht, die dann für das Geld Autos importiert. Aber nicht nur Zuckerrohr und Zuckerrüben, sondern auch alle anderen Sorten von Lebensmitteln lassen sich theoretisch zu Benzin verarbeiten, auch wenn zur Zeit die erforderliche Technologie noch nicht ausgereift ist. An Vorschlägen benzindurstiger Autofahrer wird es in Zukunft sicher nicht fehlen.

Wenn auch der Ersatzkraftstoff aus Zuckerrüben hier etwas überspitzt dargestellt wurde, so wird doch an diesem Beispiel deutlich, zu welchen meiner Meinung nach perversen Ideen der seit wenigen Jahrzehnten erzeugte Energiehunger führt. Man nähert sich auf diese Weise einer Zeit, in der alle organischen Stoffe, die sich zur Energieerzeugung verwerten lassen, als Kraftstoff verbraucht werden. Ein Science Fiction Film zeigte einmal eine Erde, auf der keine Pflanzen und kein Tier mehr existierten. Durch eine Zeitmaschine erreichte jemand aus der Vergangenheit diese Welt. Eine dreiköpfige Familie kam mit ihrem Wagen vorbei, packte den Ankömmling, steckte ihn in einen Behälter am Kraftwagen und fuhr ab. Ein greller, schnell verstummender Schrei ertönte hieraus. Das Kind stellte plötzlich die Frage: »Was machen wir, wenn keiner mehr ankommt?« Keine Antwort. »Was machen wir dann? — Verbrauchen wir uns dann gegenseitig?«

Für jede Fortbewegung, auch zu Fuß oder mit dem Fahrrad, ist Energie nötig. Der Kraftwagen erhält sie in Form von Treibstoff, Fußgänger und Radfahrer durch die Nahrung. Allen ist bekannt, daß man bei großen Anstrengungen mehr Energie, gemessen in Kalorien oder Joule, als bei kleineren verbraucht. Ein Radfahrer benötigt auf 10 Kilometer für seine Fortbewegung durchschnittlich 600 Kilojoule beziehungsweise 150 Kilokalorien, ein Fußgänger etwa 2000 Kilojoule beziehungsweise 500 Kilokalorien, der Durchschnittspersonenwagen knapp über einen Liter Benzin mit dem Heizwert von etwa 40 000 Kilojoule beziehungweise 10 000 Kilokalorien. Für denselben Nutzen, nämlich eine Person von einem Ort zu einem anderen zu befördern, wird also je nach Fortbewegungsart unterschiedlich viel Energie verbraucht.

Beim Radfahren benötigt man weniger Energie als beim Gehen, weil man sich sitzend fortbewegt und daher keine Arbeit leisten muß, um sich auf den Beinen zu halten. Überdies genügt es, sich streckenweise nur rollen zu lassen. Das Auto bietet denselben Vorteil, hat aber eine große Anzahl von Nachteilen aufzuweisen: Ein Teil des Benzins verdampft, ohne daß es vorher etwas geleistet hat. Von dem Rest wird nur knapp ein Viertel in Bewegung des Motors umgewandelt, der übrige Teil geht als Wärme verloren. Bei der Kraftübertragung vom Motor auf die Räder verschluckt Reibung einen Teil der Energie. Großer Luftwiderstand und das hohe Gewicht von mehr als einer Tonne sorgen für weitere Verluste. Um eine einzige Person mit dem Wagen zu transportieren, benötigt man also fast 70mal so viel Energie wie mit dem Fahrrad, bei dem natürlich auch Verluste auftreten.

Bei einem Kraftfahrzeug werden etwa 15 Prozent der im Benzin enthaltenen Energie in Bewegung umgesetzt, man sagt, sein Wirkungsgrad betrage 15 Prozent. Da die Nutzlast, also Insassen und Gepäck, nur einen kleinen Teil des Gesamtgewichts ausmacht, liegt die wirkliche Ausnutzung bedeutend niedriger. Ist der Kraftwagen bis zur zugelassenen Höchstgrenze beladen, nutzen Dieselfahrzeuge die hereingesteckte Energie zu 5,6 Prozent aus, Autos mit Ottomotor nur zu 4,5 Prozent. Zur Herstellung von Benzin aus Kohle oder zur Erzeugung von Wasserstoff wird auch Energie benötigt, so daß die entsprechenden Werte für Fahrzeuge mit Kohlebenzin 2,1 Prozent, mit Methanol 2,7 Prozent, mit Wasserstoff sogar nur 1,4 Prozent betragen. Da Kraftwerke einen Wirkungsgrad von 35 bis 40 Prozent besitzen, beträgt der Endnutzen bei Elektrowagen lediglich 2 Prozent[45]. Ist das Fahrzeug nur mit einer Person besetzt, was sehr häufig der Fall ist, müssen die Werte durch etwa 7 geteilt werden, womit mehr als 99 Prozent der zugeführten Energie verschwendet wird.

Der Benzindurst der heutigen Autos ist also unverhältnismäßig groß. Nicht nur, daß der Motor ein schlechter Kostenverwerter ist, sondern auch ihr hohes Gewicht lassen die sogenannte Nutzlast-Transportleistung auf diese extrem kleinen Werte fallen.

Der folgende Vergleich soll zeigen, welche Arbeit der Energieinhalt von einem Liter Benzin (40 000 Kilojoule) zu leisten vermag. Bei Elektrogeräten muß man berücksichtigen, daß das Kraftwerk nur mit einem Wirkungsgrad von 35 bis 40 Prozent arbeitet und beim Stromtransport auch Energie verlorengeht. Deutlich zeigt sich das an den unterschiedlichen Werten für Gas- und Elektroherd beziehungsweise Gasboiler und Durchlauferhitzer.

Für dieselbe Energie, die ein Personenwagen für 10 Kilometer Fahrt oder 30 Minuten Leerlauf benötigt, kann man
— 10 Minuten bei einem Durchlauferhitzer[46] oder
— 25 Minuten bei einem Gasboiler heiß duschen,
— 1 Stunde 40 Minuten eine elektrische 2000 Watt-Heizung oder eine Elektroplatte auf voller Stufe betreiben,
— 3 Stunden staubsaugen oder bügeln,
— 5 Stunden einen Gasherd auf voller Stufe betreiben,
— 33 Stunden eine 100 Watt-Lampe und
— 66 Stunden eine 50 Watt-Lampe brennen lassen,
— 111 Stunden auf einer elektrischen Schreibmaschine schreiben, d.h. bei 250 Anschlägen pro Minute dieses Buch dreimal abschreiben,
— 35 Tage ein Kofferradio ohne Unterbrechung spielen lassen und
— 1 Jahr eine elektrische Uhr laufen lassen.

Ein Tip, der fast von der Bundesregierung stammen könnte: Schalten Sie zum Energiesparen in den Ferien die elektrische Uhr ab!

Denn: »Energie ist Beweglichkeit — ist Freude.
    Verschwende sie nicht.«[47]

(Vgl. Kap. 7)

5. Das Auto als Umweltverschmutzer

Immer wieder wird behauptet, typische Stadtbewohner vertrügen keine Landluft. Zur Erheiterung beschreibt man Geräte, die neuerdings in allen Kaufhäusern erhältlich sein sollen und dem Zweck dienen, Großstädtern den Urlaub auf einem Bauernhof, im Gebirge oder an der See zu erleichtern. Ein Inhaliergerät, vor Mund und Nase gehalten, verwandele frische Land- in echte Stadtluft. An einem Drehknopf stelle man leicht- bis starkbefahrene Straßen, Industriegebiet und die einzelnen Stoßzeiten ein. Eine Kasette, die auf jedem Recorder abgespielt werden könne und für 9,80 DM überall erhältlich sei, liefere die dazugehörigen Geräusche.

Der Grund, weshalb einigen Stadtbewohnern die Land-, den meisten Menschen jedoch die Stadtluft nicht bekommt, liegt an den Gasen, den Dämpfen und dem Staub, mit dem die Luft in den Städten »angereichert« ist. Diese »Anreicherungen« bezeichnet man gelegentlich auch als Verschmutzungen.

Saubere Luft besteht aus Sauerstoff (O), Stickstoff (N), Wasserdampf (H_2O) und geringen Mengen Edelgase. Hinzu kommt noch ein wenig Kohlendioxid (CO_2), das beim Atmen von Mensch und Tier entsteht. Weitere Gase und Staub sind nur in kleinen Mengen und regional unterschiedlich stark vorhanden. Alle übrigen Stoffe, die der Luft von Natur aus fehlen, können als Verunreinigungen angesehen werden.

Über Jahrmillionen hat sich das Leben unter den atmosphärischen Bedingungen gebildet, die die Erde bietet. Fast alle Lebewesen benötigen eine bestimmte Luftzusammensetzung, um existieren zu können. Ein Sauerstoffgehalt von etwa 20 Prozent ist für den Menschen und auch die meisten Tiere unbedingt notwendig. Ginge er nur um wenige Prozent zurück, zöge dies katastrophale Folgen nach sich. Mit Gasen, die von Natur aus in der Luft fehlen, können Menschen, Tiere und Pflanzen nichts anfangen, sie sind in vielen Fällen sogar schädlich.

Im Laufe der letzten Jahrzehnte haben die Verunreinigungen in der Luft stark zugenommen. Staub und Ruß nehmen dem Himmel über unseren Städten seine reine, blaue Farbe, die Atmosphäre wird immer mehr durch die unterschiedlichsten Gase angereichert. Der Kohlendioxidgehalt (CO_2) stieg wesentlich an, hinzu kamen Kohlenmonoxid (CO), Stickoxide (NO und NO_2), Spuren von Blei und weiteren Schwermetallen, Schwefelverbindungen, Kohlenwasserstoffe und vieles mehr. Die meisten dieser Stoffe wirken sich nachteilig auf die Gesundheit aus. Selbst das Kohlendioxid, das die Luft von Natur aus enthält, hat in einigen Städten schon eine schädliche Konzentration erreicht.

Die Abgase entstehen auf vielfältige Art; bei jeder Verbrennung bilden sie sich. Industrieschlote entlassen Staub, Dämpfe und Gase in die Atmosphäre, Öfen und Heizungen sind ebenso daran beteiligt wie die Kraftwerke. Müllverbrennungsanlagen verhindern zwar, daß die Deponien noch stärker als bisher anwachsen, verunreinigen dafür jedoch die Luft. Man darf auch nicht die motorisierten Verkehrsmittel vergessen, angefangen vom Düsenflugzeug bis zum Mofa.

Nach den Angaben der Bundeszentrale für politische Bildung haben die Kraftfahrzeuge zu 60 Prozent an der Luftverschmutzung teil, nach Aussage des Bundesministeriums des Innern zu etwa 40 Prozent[48]. Solche Zahlen sind schwer zu bestimmen, weil die Abgase sich aus den unterschiedlichsten Stoffen zusammensetzen und man nicht nur die Menge, sondern auch die Gefährlichkeit bewerten muß. So kommen auch die voneinander abweichenden Werte zustande. Insgesamt verursachen jedoch die Kraftfahrzeuge etwa die Hälfte der gesamten Luftverschmutzung. Hiervon entfällt wiederum der weitaus größte Teil auf den Pkw. Von den 4 Millionen Tonnen Schwefeldioxid (SO_2), die 1970 in die Atmosphäre gelassen wurden, entstammte 3,6 Millionen Tonnen Kraftwerken, Haushalts- und anderen Feuerungsanlagen, 0,1 Millionen Tonnen dem Verkehr. Die 8 Millionen Tonnen Kohlenmonoxid (CO) wurden dagegen allein vom Verkehr aufgebracht, von den 2 Millionen Tonnen Stickoxide (NO und NO_2) erzeugten die Kraftfahrzeuge 0,9 Millionen Tonnen, an Kohlenwasserstoffen war es die Hälfte der insgesamt 2 Millionen Tonnen[48].

Besonders die Stadtbewohner haben unter den Autoabgasen zu leiden. Enge Häuserschluchten verhindern, daß der Wind die verbrauchte Luft aus den Straßen führt. Jeder Luftzug schiebt nur die Abgase von einer Gasse in eine andere. Zu den Stoßzeiten stauen sich vielerorts die Wagen, die jeweils nur eine Person, nämlich den Fahrer, transportieren, und zwar Tausende in dieselbe Richtung. Aus den

Auspuffrohren strömen giftige Gase, teils sichtbar als schwarzer Ruß oder weißer Dunst, teils unsichtbar, aber nicht minder gefährlich. Die Fahrer sind gereizt und aggressiv und fühlen sich wegen der schlechten Luft beklommen, die sie selbst erzeugen. Wer schon neben den kriechenden Schlangen auf den schmalen Trampelpfaden am Rande der Fahrbahn entlanggegangen ist, weiß, daß Hals- und Kopfschmerzen häufig einem solchen Spaziergang folgen. Man braucht gar nicht erst die einzelnen Abgase zu kennen, um an ihre Gefährlichkeit zu glauben.

Um mehr als 60 Prozent ist die Windgeschwindigkeit in Städten durchschnittlich herabgesetzt[49]. Daher können die Abgase nur bedeutend langsamer als auf dem Lande von den Straßen geweht werden. Bei ruhiger Wetterlage bildet sich über dem Häusermeer eine Dunstglocke. Auch sie verhindert, daß die verbrauchte Luft abziehen und sauerstoffreichere einfließen kann. Die Wirkung der schlechten Luft auf die Gesundheit wird noch durch die höhere Temperatur verstärkt, die man im Vergleich zu ländlichen Gebieten in Städten antrifft. Kraftwagen erzeugen viel Wärme, weil in ihren Motoren Verbrennungen stattfinden. Der Wirkungsgrad aller Autos liegt unter 15 Prozent; also werden weniger als 15 Prozent des insgesamt verbrauchten Treibstoffs in Bewegungsenergie umgewandelt, die restlichen 85 Prozent gehen als Wärme an die Außenluft oder verdampfen, ohne vorher Arbeit geleistet zu haben. Als Folge liegt die Temperatur in den Innenstädten bis zu 8 Grad höher als auf dem Lande.

Schlechte Luft, vereint mit erhöhter Temperatur, führt zu dem lästigen Schwüleempfinden, das man häufig in den Städten verspürt. Die körperliche und geistige Leistungsfähigkeit sinkt rasch ab, Herz- und Kreislaufkranke sind an warmen Tagen besonders gefährdet.

Soll etwas über Schadstoffmengen ausgesagt werden, so muß man zwischen Emission und Immission unterscheiden. Unter Emission versteht man diejenige Abgasmenge, die die Verschmutzer, also die Kraftfahrzeuge und die Fabriken, ausstoßen. Die Immission dagegen gibt die Menge an, die die Menschen einatmen. Die Emission der Kraftfahrzeuge läßt sich messen und berechnen. Die Immission hängt von der Emission, aber auch sehr stark von der Bebauung des Ortes, den Wind- und Wetterverhältnissen ab. Ihre Größe gibt an, wie sehr die Menschen unter der Verschmutzung zu leiden haben. Sie ist nur schwer und in vielen Fällen auch nur sehr ungenau bestimmbar.

Im Umweltprogramm der Bundesregierung wird die Gesamtemission des Kohlenmonoxids (CO) durch Kraftfahrzeuge auf 8 Millionen Tonnen jährlich geschätzt. Kohlenmonoxid entsteht in großen Mengen, wenn Benzin unvollständig verbrennt. Dies ist vor allem in Verkehrsstaus der Fall, wo die Fahrzeuge die meiste Zeit im Leerlauf stehen. Wenn bei einem schlecht gewarteten Wagen zu wenig Luft in den Vergaser gelangt, entsteht ebenfalls vorzugsweise dieses Gas, während bei gutem Betriebszustand und zügigem Fahren weniger anfällt.

Die durchschnittliche Pkw-CO-Emission liegt zur Zeit für 2 Jahre alte Wagen bei 5,6, für 4 Jahre alte bei 5,9 und für 6 Jahre alte bei 6,2 Prozent. Dies ergaben TÜV-Untersuchungen im Jahre 1977. Zu bemerken ist, daß die Wagen wohl in den meisten Fällen vorher in Ordnung gebracht wurden. Seit 1976 dürfen die Abgase im Leerlauf höchstens 4,5 Prozent Kohlenmonoxid enthalten[50].

Kohlenmonoxid zählt zu den gefährlichen Gasen. Schon ein kurzer Aufenthalt in einer geschlossenen Garage bei laufendem Motor kann zu starker Vergiftung und zum Tode führen. Weder Geruch noch Qualm verraten seine Anwesenheit. Es besetzt beim Atmen die roten Blutkörperchen, die den Sauerstoff durch den Körper transportieren. Da es sich 200mal heftiger mit dem roten Blutfarbstoff als Sauerstoff verbindet, sind nach einiger Zeit so viele rote Blutkörperchen besetzt, daß man innerlich erstickt.

Aber man braucht noch nicht einmal in einer geschlossenen Garage bei laufendem Motor zu sein, um die Wirkung kennenzulernen. Bereits Luft mit einem CO-Gehalt von 0,18 bis 0,26 Prozent führt über einen Zeitraum von etwa 3 Minuten zum Tode. Bei starkem Verkehrsaufkommen kann auf einer schmalen, von dichten Häuserreihen begrenzten Straße unter schlechten Witterungsbedingungen eine Konzentration dieses Gifts von 0,01 bis 0,03 Prozent entstehen. An verkehrsreichen Kreuzungen muß man mit durchschnittlich 0,003 bis 0,005 Prozent rechnen[51]. Diese scheinbar kleinen Mengen bedrohen schon die Gesundheit. Besonders Kleinkinder und Säuglinge in Kinderwagen sind übermäßig gefährdet, weil sie in Höhe der Auspuffrohre atmen.

Eine Kohlenmonoxidvergiftung zeigt sich zuerst durch Kopfweh, Schwindelgefühl, Temperaturabfall und lähmende Müdigkeit. Bei stärkerer Einwirkung folgt Bewußtlosigkeit, die in den Tod übergeht. Ist man längere Zeit oder regelmäßig diesem Gas ausgesetzt, so entstehen schwere Herzschäden und seelische Depressionen. Die maximale Arbeitsplatzkonzentration (MAK-Wert) für Kohlenmonoxid, also der CO-Wert, der an einem Arbeitsplatz höchstens vorhanden sein darf, beträgt 0,01 Prozent. Spitzenwerte auf verkehrsreichen Straßen liegen aber, wie bereits erwähnt, bei 0,03 Prozent. Überdies gelten die MAK-Werte für körperlich gesunde Menschen bei einer Belastung von 40 Stunden in der Woche. Da jedoch Leute, die an verkehrsreichen Straßen wohnen, bedeutend länger den Abgasen ausgesetzt und nicht zwangsläufig gesund sind, müssen für sie niedrigere Grenzwerte gelten. Was man für einen Beschäftigten in einem Werk während der Arbeitszeit an gesundheitlichen Belastungen zuläßt, kann noch lange nicht der Bevölkerung und damit auch Kindern und Kranken eventuell über den ganzen Tag zugemutet werden. Diese Grenzwerte, maximale Immissionskonzentration (MIK-Wert) genannt, müssen die MAK-Werte unterschreiten. Damit keine gesundheitlichen Beeinträchtigungen auftreten, dürfen bei Kindern und Kranken höchstens 2,5 Prozent der roten Blutkörperchen mit Kohlenmonoxid besetzt sein[52]. Das ist der Fall, wenn die Luft im Mittel höchstens 0,0009 Prozent Kohlenmonoxid enthält. Kurzfristig kann man 0,0032 Prozent zulassen[52], also nur ein Zehntel derjenigen Menge, die in engen Häuserschluchten bei starkem Verkehr und ungünstigen Witterungsbedingungen vorkommt.

Bei diesen MIK-Werten handelt es sich jedoch nur um einen Vorschlag; ein Gesetz, das entsprechende Werte verbindlich festsetzt, gibt es bis heute nicht. Keine Straße wird gesperrt, weil die Luft dort ständig eine höhere Giftkonzentration aufweist. Außerdem wäre es fraglich, ob man sich auf Werte festlegte, die aus wissenschaftlichen Untersuchungen stammen; wahrscheinlicher gäbe man dem Druck der Kraftfahrzeugindustrie und der Autofahrervereinigungen nach und gliche den MIK-Wert dem zur Zeit bestehenden Zustand an.

Selbst eine Kohlenmonoxidkonzentration, durch die keine direkte Gesundheitsgefahr besteht, hat nachteilige Folgen. Auch in kleinen Mengen vermindert sie die Konzentrationsfähigkeit. Dies ist nicht nur ein Problem von Schulen, die in der Nähe stark befahrener Straßen liegen, sondern beschwört auch kritische Situationen im Straßenverkehr herauf. Obwohl statistische Daten fehlen, muß man annehmen, daß eine Reihe von Verkehrsunfällen auf den hohen Kohlenmonoxidgehalt der Luft zurückzuführen ist. Untersuchungen ergaben, daß bei Kraftfahrern, die in Unfällen verwickelt waren, der Kohlenmonoxidgehalt im Blut unverhältnismäßig hoch lag.

Kohlenmonoxid geht um so schneller ins Blut über, je mehr die betreffende Person arbeitet. Bei einem konstanten CO-Gehalt der Luft besetzt dieses Gas bei einer ruhenden Person in 6, einer arbeitenden in 3 und einer schwer arbeitenden in 2 Stunden gleich viele rote Blutkörperchen. Nach einer Stunde Autofahren (Arbeit) auf einer verkehrsreichen Straße (0,01 Prozent CO) sind schon 6 Prozent der roten Blutkörperchen besetzt, nach zwei Stunden Fahrt 9 Prozent und nach drei Stunden 11 Prozent. Für den Beifahrer liegen die Werte günstiger, falls er nicht aktiv am Verkehrsgeschehen teilnimmt: Nach einer Stunde 4, nach zwei 6 und nach drei 7 Prozent. Am meisten bekommen Radfahrer mit: nach einer Stunde 7, nach zwei 10 und nach drei Stunden 12 Prozent. Darüber hinaus verschlimmern sich bei körperlicher Belastung die Auswirkungen der Kohlenmonoxid-Vergiftung. Daher gehören auch auf Grund der Luftverschmutzung Fußgänger und Radfahrer zu den gefährdetsten Verkehrsteilnehmern.

Um den CO-Gehalt des Auspuffgases zu verringern, kann man das Kohlenmonoxid zu ungiftigerem Kohlendioxid (CO_2) nachverbrennen. Hierzu gibt es bisher zwei Verfahren: Bei der katalytischen Nachverbrennung muß die Katalysatormasse alle 10 000 bis 20 000 Kilometer erneuert werden. Das notwendige Gerät ist technisch sehr aufwendig und teuer und besitzt nur eine kurze Lebensdauer. Bei der thermischen Nachverbrennung wird direkt hinter den Auslaßventilen Luft unter hohem Druck eingeblasen. Hierbei entstehen jedoch die übelriechenden Stickoxide NO und NO_2.

Der CO-Gehalt des Abgases hängt auch vom Benzin-Luft-Gemisch im Motor ab. Bei einem niedrigen Benzin- und hohen Luftanteil entsteht wenig Kohlenmonoxid und viel Stickoxid, bei hohem Benzin- und niedrigem Luftanteil wenig Stickoxid und viel Kohlenmonoxid. Da die Stickoxide ebenfalls giftig sind, nützt es wenig, durch Änderung des Mischungsverhältnisses Kohlenmonoxid ganz aus den Abgasen zu verbannen.

Neben dem Kohlenmonoxid bilden sich auch große Mengen Kohlendioxid (CO_2). 1970 wurden in Deutschland 25,46 Millionen Tonnen Treibstoff in 79,44 Tonnen CO_2 umgewandelt[53]. Dies entspricht einem Volumen von 40 Milliarden Kubikmetern[54], also einen »Abgaswürfel« mit den Kantenlängen von etwa 3420 Meter. Dieser »Abgaswürfel« dehnt sich von Jahr zu Jahr aus. 1979 verließen etwa 110 Millionen Tonnen Kohlendioxid die Auspuffrohre, womit die Kantenlänge auf 3800 Meter anwuchs.

Kohlendioxid sah man lange Zeit als ungefährlich an. Beim Menschen treten Schäden in Form von Hustenreiz und Atemnot auf, wenn die Luft mehr als 5 Prozent davon enthält. Kohlendioxid »verdünnt« die Luft, so daß der Sauerstoffgehalt prozentual sinkt. Der CO_2-Gehalt der Biosphäre hat sich im Laufe der letzten 75 Jahre um rund 15 Prozent erhöht und steigt ständig an. Einige Wissenschaftler vermuten, daß es wie eine Glasscheibe in einem Treibhaus die Sonnenenergie in der Atmosphäre festhält. Wärme gelangt von der Sonne zur Erde, kann aber nicht mehr ins Weltall abgestrahlt werden. Da gleichzeitig durch den erhöhten Energieverbrauch immer mehr Abfallwärme entsteht, könnte hierdurch das Eis an den Polen abschmelzen. Als Folge stiege der Meeresspiegel stark an, und Dortmund würde zum Beispiel Küstenstadt.

Verbrennt bei Temperaturen oberhalb von 1000° C Benzindampf unvollständig, wie zum Beispiel in Kraftfahrzeugmotoren, so entstehen neben dem Kohlenmonoxid auch Stickoxide. Hiervon sind vor allem die nitrosen Gase NO und NO_2 giftig. Das Stickstoffmonoxid (NO) ist ein farb- und geruchloses Gas, das sich in Wasser gut löst. Es geht wie das Kohlenmonoxid mit dem roten Blutfarbstoff eine starke Bindung ein, wodurch weniger Sauerstoff zu den Zellen gelangt. In der Natur bilden es Bakterien, so daß es auch in unbewohnten Gebieten zu etwa 0,0017 ppm (0,000 000 17 Prozent)[55] in der Luft vorkommt. Autoabgase enthalten bis zu 1 600 000mal so viel Stickstoffmonoxid, nämlich 2650 ppm (0,265 Prozent). Mit dem Sauerstoff geht es unter Sonneneinstrahlung in das bedeutend giftigere Stickstoffdioxid (NO_2) über[56].

Stickstoffdioxid erkennt man an seinem üblen, stechenden Geruch. Es führt zu Halsreizungen und Husten, in stärkeren Fällen zu Erbrechen, Kopfweh, Schwindelgefühl, Ohrensausen und Herzbeschwerden. Neben den Eigenschaften von Stickstoffmonoxid beeinträchtigt es zusätzlich den Gasaustausch in den Lungenbläschen, wodurch starker Sauerstoffmangel entsteht. Dieses Gas ist für den gefürchteten »Los-Angeles-Smog« verantwortlich.

Ein großer Teil des Benzins verbrennt nicht in den Motoren, sondern verdampft, ohne vorher Arbeit geleistet zu haben. Hierbei handelt es sich nicht nur allein um ein Problem des Energieverbrauchs, sondern auch der Luftverschmutzung; obwohl man das gewöhnliche Benzin, das auch zur Kleiderreinigung benutzt wird, lange Zeit für völlig ungefährlich hielt, tauchten bei Leuten, die in Reinigungen arbeiteten, Nebenwirkungen auf: Zuerst stellten sich gehobene Stimmung und Schlafstörungen ein, später klagten sie über Müdigkeit, Schwindelgefühl und Kopfschmerzen, und schließlich folgten Vergeßlichkeit und abnehmende sexuelle Potenz[57].

Vergaserkraftstoff enthält neben dem Benzin noch eine Reihe weiterer Kohlenwasserstoffe (C-H-Verbindungen), unter anderem die Nerven- und Blutgifte Benzol, Toluol und Xylol. Auch diese Bestandteile verdampfen leicht. Sie schädigen das Knochenmark und hemmen die Blutbildung, was zu Blutkrebs oder völliger Einstellung der Blutproduktion führen kann[57].

Von den im Abgas vorkommenden Kohlenwasserstoffen ist das 3,4-Benzpyren wahrscheinlich am schädlichsten. Seine Konzentration stieg in den letzten Jahren ständig an. Dieses Gift ruft im menschlichen Körper Schäden hervor, die nicht mehr ausheilen. Oberhalb eines gewissen Schädigungsgrades teilen sich die Zellen krankhaft, es entsteht Krebs.

Der Teil des Schwefeldioxids (SO_2), der dem Verkehr entstammt, entsteht fast ausschließlich im Dieselmotor. Bei dem augenblicklichen Trend zu Dieselpersonenwagen kommt diesem Problem in Zukunft voraussichtlich eine größere Bedeutung zu. Die Schäden an Gebäuden und Denkmälern sind auf Schwefeldioxid zurückzuführen. SO_2 bildet mit Wasserdampf Schwefelsäure, die Kalkspat zerfrißt, den Hauptbestandteil von Kalksteinen und Marmor. Hierbei handelt es sich allerdings um kein neues Problem; schon früher gelangten in den Städten große Mengen Schwefeldioxid durch Kohleverbrennung in die Luft, wenn auch nicht in dem Umfang wie heute. Daher benötigten die Bauwerke regelmäßig einen Anstrich, um das Gestein zu schützen. Auch heute wäre dieses Verfahren möglich, müßte wegen der höheren SO_2-Konzentration jedoch bedeutend häufiger erfolgen und kostete damit sehr viel Geld und Zeit. Da es entgegen dem Verursacherprinzip üblich ist, daß anstelle der Erzeuger von Schwefeldioxid die Besitzer der Gebäude die Instandhaltungskosten tragen müssen, verfallen Bauten, die Jahrhunderte überstanden haben, jetzt in wenigen Jahren. Um die Bauwerke zu erhalten, könnte man sie mit Kunststoff überziehen; die andere Möglichkeit, Schwefeldioxid aus der Luft zu verbannen, bleibt wohl in absehbarer Zeit ungenutzt.

Im Jahr 1971 beschloß der Bundestag einstimmig das »Gesetz zur Verminderung von Luftverunreinigungen durch Bleiverbindungen in Ottokraftstoffen für Kraftfahrzeuge«. Auf dieser Grundlage beschränkte man ab 1.1.1972 den Bleigehalt des Benzins wegen der hohen Giftigkeit dieses Schwermetalls und der zunehmenden Motorisierung auf 0,4 Gramm je Liter, ab 1.1.1976 auf 0,15 Gramm je Liter.

Blei (Pb) wird dem Benzin in den organischen Verbindungen Bleitetraäthyl ($Pb(C_2H_5)_4$) oder Bleitetramethyl ($Pb(CH_3)_4$) zugemischt, um seine Klopffestigkeit zu erhöhen[58]. Bei nichtklopffestem Treibstoff treten im Motor ungewollte Explosionen auf, die ihn auf die Dauer zerstören. Blei verläßt den Auspuff entweder als Staub oder unverbrannt in den beiden Verbindungen, die sich allerdings bei Sonneneinstrahlung in anorganisches Blei umwandeln. In geschlossenen Räumen fehlt meist ausreichend Licht, so daß die Luft in Garagen oder Räumen, in denen Motorfahrzeuge parken, mit den organischen Verbindungen angereichert wird; denn Tanks weisen fast immer undichte Stellen auf, so daß kleine Mengen entweichen können.

Bleitetraäthyl und Bleitetramethyl sind mindestens zehnmal giftiger als Bleistaub[59]. Obwohl diese organischen Verbindungen nur 10 bis 50 Prozent des gesamten Bleis in der Luft stellen, rufen sie die größeren Gesundheitsschäden hervor. Während Blei aus der Nahrung zu 5 bis 10 Prozent im Körper bleibt, sind es von dem eingeatmeten mindestens 30 Prozent[52]. Es sammelt sich in den Knochen an, wo es vorläufig keinen Schaden anrichtet. Wenn nun der Körper infolge einer Krankheit Knochensubstanz abbaut, wird er schockartig mit Blei überflutet und vergiftet sich so selber. Blei schädigt auch in geringer Konzentration wie radioaktive Stoffe die Erbmasse von Mensch und Tier. Schrumpfniere, Lähmung, Gicht, Arteriosklerose und Störungen

des Stoffwechsels gehen gelegentlich auf dieses Schwermetall zurück.
Zum Schluß soll noch der Ruß erwähnt werden, von dem große Mengen bei Dieselfahrzeugen entstehen und der mehr unangenehm als gefährlich ist. Allerdings lagern sich an den meist öligen Rußpartikeln Kohlenwasserstoffe, zum Beispiel 3,4-Benzpyren, oder Blei an, die auf diese Weise in den Körper eindringen können.

Die einzelnen Gifte, die dem Auspuff entweichen, dürfen nicht getrennt voneinander gesehen werden. Auch wenn einzelne harmlos sind oder nur in geringen Mengen in der Atemluft vorliegen, können sie doch gemeinsam auf die Dauer schwere Schäden verursachen. Wegen der großen Anzahl der Kombinationsmöglichkeiten fehlen in den meisten Fällen gesicherte Kenntnisse über ihr Zusammenwirken, was jedoch nicht auf Ungefährlichkeit schließen läßt.

In Los Angeles, das auch als »autogerechte Stadt« bezeichnet wird, weil es mehr den Erfordernissen der Autos als der Menschen genügt, mußte man schon häufig den sogenannten «Smogstop» praktizieren. Sobald die Luftverunreinigungen an windstillen Tagen einen bestimmten Grenzwert überschreiten, hat der gesamte Kraftfahrzeugverkehr stillzustehen. Nur Fahrzeuge, die der Aufrechterhaltung des Gesundheitsdienstes, der Ordnung und Sicherheit dienen, dürfen dann noch fahren. Aber man braucht noch nicht einmal nach Los Angeles zu gehen, um ein solches System kennenzulernen. Wegen der hohen Luftverunreinigungen in den Ballungszentren der Bundesrepublik wurde auch hier ein solches Warnsystem entwickelt. Bei Smogalarm hat jeder Autofahrer seinen Wagen stehenzulassen und zu Fuß weiterzugehen. 1976 führte man ein Schild ein, das die smoggefährdeten Gebiete kennzeichnet, die bei Alarm nicht mehr befahren werden dürfen.

Auch an witterungsgünstigen Tagen ist längerer Aufenthalt auf einigen Straßen nicht empfehlenswert. Gasmasken für den Verkehr sind längst keine Utopie mehr, denkt man zum Beispiel an Tokio, wo die Durchschnittsgeschwindigkeit der Autos 12 Stundenkilometer beträgt. An 40 Straßenkreuzungen dieser Stadt hat man Sauerstoffgeräte aufgestellt, um Polizisten und Passanten vor Kohlenmonoxidvergiftungen zu schützen[96]. In Dortmund beginnt der Schulunterricht später als in den übrigen Städten, damit die Schulkinder nicht mehr während der Stoßzeit unterwegs sein müssen. Verkehrspolizisten können aus Gesundheitsgründen nur wenige Stunden Außendienst haben. Der Bleigehalt im Blut von Taxifahrern liegt in den meisten Städten viel zu hoch. Doch obwohl man die Gefährlichkeit der Abgase schon seit langem kennt, zieht man nur halbherzige Konsequenzen daraus. Zunehmender Verkehr verhindert, daß trotz verminderten Schadstoffausstoßes der einzelnen Fahrzeuge die Luft besser wird.

Der motorisierte Verkehr trägt nicht nur stark zur Luftverschmutzung bei, sondern bringt noch weitere Umweltprobleme mit sich: Von den zur Zeit jährlich anfallenden Autowracks enden 70 000 in Wäldern und an Wegrändern. 370 000 Tonnen Altreifen fallen jedes Jahr in Deutschland an, 50 000 Tonnen Altöl versickern durch unsachgemäßen Ölwechsel im Boden oder gelangen in die Flüsse[60]. Das Profil der Reifen, das zum Leidwesen der Autofahrer mit und mit verlorengeht, bleibt als feiner Staub zurück. Im gleichen Maße wird auch ein Teil der Fahrbahndecke abgetragen. Durch die Wärme, die bei der Reibung zwischen Reifen und Straße entsteht, verbrennt dieser Staub, wobei die darin enthaltenen Schadstoffe frei werden und mit den Abgasen wahrscheinlich krebserregende Verbindungen eingehen. Auf einem Kilometer Bundesstraße entstehen so bis zu 100 Kilogramm Staub am Tag[61].

Indirekt mit dem Autoverkehr ist auch die Salzkrankheit von Bäumen am Straßenrand verknüpft: Um Durchgangsstraßen von Schnee und Eis zu befreien, schaufelt man im Winter tonnenweise Salz auf die Fahrbahn. Neben den weißen Rändern an Schuhen und Korrosionsschäden an den Autos, was zu einem schnelleren Verschleiß führt, dringt es in den Boden und schließlich ins Grundwasser ein und verseucht somit Quellen und Trinkwasser. Bäume in der Nähe von Straßen sterben langsam ab[61].

Im Laufe der letzten Jahre ist die Gefährdung der Umwelt durch eine Reihe von Publikationen, Katastrophenmeldungen und deutlich feststellbaren Schäden ins Bewußtsein der Öffentlichkeit gerückt. Auch Industriemanager haben dies erkannt und einen neuen Markt gewittert. Man stellt Güter her, die mit der Bezeichnung »umweltfreundlich« dem Kunden vorspiegeln sollen, durch den Kauf und die Verwendung der Produkte schade man der Umwelt nicht, man schütze sie sogar. Hierbei handelt es sich jedoch um einen gefährlichen Irrtum. Umweltfreundliche Industrieprodukte existieren strenggenommen nicht. Alle Erzeugnisse schaden wegen des Materials, aus dem sie bestehen, wegen des Herstellungsverfahrens, wegen des Treibstoffs, den sie verbrauchen, oder wegen des Mülls, zu dem sie später werden, mehr oder weniger der Natur. Man kann sie höchstens von den anderen Erzeugnissen abheben, indem man sagt, daß sie der Umwelt weniger schaden als andere. So glauben viele, Elektroautos wären eine umweltfreundliche Alternative zu den Kraftfahrzeugen mit Verbrennungsmotor, weil sie ohne Abgase fahren. Man vergißt hierbei jedoch, daß der Strom auch erst einmal erzeugt werden muß, und das geschieht in Kohle- oder in Kernkraftwerken. Man verschiebt also nur das Umweltproblem vom Auspuff zum Schornstein, ganz abgesehen vom schlechteren Wirkungsgrad der Elektrofahrzeuge (s. Kap. 4).

Umweltschutz und Ökologie haben sich in den letzten Jahren zu Modethemen entwickelt. Immer seltener werden Leute, die hierfür eintreten, als weltfremd belächelt, sondern die meisten geben sich umweltbewußt. Der Einsatz für eine saubere Umwelt besteht jedoch vielfach in der Forderung, nur noch Mehrwegflaschen zuzulassen, oder daß man vom Auto aus auf den Umweltverschmutzer zeigt, der gerade eine Bonbonschachtel auf den Boden fallen läßt. Sich gegen Glasmüll zu wenden und das Autofahren stillschweigend zu akzeptieren, bedeutet, die Prioritäten an die falsche Stelle zu setzen. Glas macht immerhin nur rund 1 Prozent des Mülls aus, Autoabgase dagegen etwa die Hälfte der gesamten Luftverschmutzung. Auf die Straße geworfene Pappschachteln schaden der Umwelt überhaupt nicht, sondern nur dem Schönheitsempfinden der Städter. Die Asphaltstraßen schließen dagegen den Boden luftdicht ab und ersticken somit jedes Leben unter sich. Die eigentliche Verschmutzung ist also nicht die Schachtel, sondern die Teerdecke selber. Jemand, der Papier auf die Straße wirft, kann daher kaum als »Umweltverschmutzer«, sondern eher als »Umweltverschmutzungsverschmutzer« gelten. Daß der motorisierte Verkehr an der Spitze aller Umweltschädiger steht, wird zu gerne vergessen, weil man seinen eigenen Wagen auf dem Gehweg stehen hat.

Ein grundlegendes Prinzip des Umweltprogramms der Bundesregierung ist das Verursacherprinzip. Hiernach hat jeder für die Schäden, die er durch das Ablassen von Schadstoffen oder durch seinen Müll erzeugt, aufzukommen. Ob man sich überhaupt noch ein Auto leisten könnte, wenn dieses Prinzip wirklich angewandt würde?

Übung Nr. 2
Ich bin für Umweltschutz

Natürlich bin ich für Umweltschutz und setze mich auch aktiv dafür ein! Uns allen ist ja bewußt, daß es so nicht weitergehen kann. Die Industrie pafft ihre giftigen Abgase in die Luft, die Flugzeuge breiten ihre Lärmteppiche aus, und jetzt bauen sie auch noch Kernreaktoren, obwohl man schon seit Jahren weiß, daß radioaktive Strahlen schädlich sind! Als die Bürgerinitiativen Plaketten gegen die Kernenergie herausgaben, habe ich mich auch sofort hinters Steuer geklemmt und mir einige Aufkleber für die Heckscheibe geholt: »Kernenergie — nein danke«, »Ich bin für Umweltschutz« kann nun jeder an meinem Wagen lesen. Werbung ist eben wichtig, auch für eine reine und radioaktivfreie Umwelt.

Meiner Überzeugung nach muß man Umweltbelästigungen auf ein Mindestmaß beschränken. Daher raufe ich mir immer die Haare, wenn ich sehe, wie sich auf unseren Autobahnen regelmäßig kilometerlange Schlangen bilden! Dabei weiß doch jeder, daß beim zügigen und gleichmäßigen Fahren das Auto bedeutend umweltfreundlicher ist. Die Politiker sollten endlich einmal einsehen, daß zu einer sinnvollen Umweltplanung ein gut ausgebautes Verkehrsnetz gehört, damit Leerlauf vermieden werden kann. Außerdem sollte sich die Bundesbahn bemühen, die beschrankten Übergänge durch Eisenbahntunnel zu ersetzen. Wenn ich daran denke, wie häufig ich schon im Leerlauf fünf Minuten und länger vor Schranken gewartet habe! Wieviel Blei wäre jetzt weniger in der Luft, wenn es solche Verkehrsbehinderungen nicht gäbe!

Glücklicherweise beginnt allmählich auch die Industrie, sich auf Umweltschutz zu besinnen. Das Umweltbewußtsein wächst eben bei uns. Immer mehr Geld geben namhafte Werke aus, um ihre Abgase und Abwässer umweltfreundlich zu machen. Viele Industriezweige bemühen sich verstärkt, schädliche Stoffe von der Umwelt und den Menschen fernzuhalten. Durch umweltfreundliche Techniken schont man lebenswichtige Rohstoffe und entwickelt neue. Besonders die Kraftfahrzeugindustrie geht mit gutem Beispiel voran. So berichtete vor kurzem ein bekanntes Automobilwerk:

»Moderne technische Hilfsmittel und forschender Geist bringen nicht nur bessere Automobile hervor. Hier werden Umweltschutz-Ideen geboren und Techniken entwickelt, die Rohstoff- und Energiereserven schonen. Neuartige Energiequellen werden technisch nutzbar gemacht und neue Methoden erforscht, die Arbeit zu erleichtern und ihre Ergebnisse zu verbessern.

Man könnte sich fragen, ob das nicht viel Aufwand ist für eine Automobilfabrik. Ein Aufwand, der letztlich das Produkt verteuern muß.

Unsere Antwort: Der Aufwand ist notwendig. Denn wir haben die Absicht, auch in ferner Zukunft Produkte zu fertigen, die Arbeitsplätze schaffen und vielen Menschen gute Dienste leisten. Und ob der Lebensstandard unseres Landes eine Zukunft hat, hängt vom Geist ab, den wir in neue Techniken investieren. Um neue Energiequellen zu erschließen, um neue Rohstoffe zu finden und eine lebensfreundliche Umwelt zu schaffen.«

Hier sieht man, was alles möglich ist! Wenn nur alle Industrien so vorbildlich wie dieses Autowerk wären! Die Umwelt lebensfreundlich zu machen und trotzdem den Lebensstandard zu fördern und Arbeitsplätze zu schaffen, das nenne ich verantwortungsbewußt handeln! Wenn sich erst diese Tendenz durchsetzt, wird Umweltverschmutzung der Vergangenheit angehören.

Aber die beste Politik hilft nichts, wenn sich nicht jeder Bürger für eine saubere Zukunft aktiv einsetzt. Neuerdings werden in vielen Gemeinden in regelmäßigen Abständen Altpapier- und Altglassammlungen durchgeführt. Ich fahre übrigens zu jeder hin, falls es meine Zeit erlaubt. Die Limonaden- und Weinflaschen der letzten Woche wandern dann nicht in die Mülltonne, sondern werden in einigen Kartons in den Kofferraum meines Wagens gestellt, und ab geht die Post. Dabei scheue ich auch nicht, notfalls in die nächste Stadt zu fahren. Wenn wir nicht im Dreck ersticken wollen, müssen wir etwas gegen den Dreck tun. Glas gehört immerhin zu den Abfällen, die im Gegensatz zu Küchenabfällen nicht verfaulen, sondern Jahrtausende die Landschaft verschandeln. Und wer möchte schon ständig beim Spaziergang über alte Flaschen stolpern?

Die Bundesregierung veröffentlicht zur Zeit in Illustrierten Informationen, wie man Energie sparen kann. Ich lese mir die Texte jedesmal gründlich durch, um nach Möglichkeit auch meinen Beitrag für die Zukunft zu leisten. Wieviel Strom könnte gespart werden, wenn die Leute nicht ständig Lampen in Räumen brennen ließen, in denen sie sich nicht aufhalten! Ich habe es mir zum Prinzip gemacht, immer alle Lichter auszuknipsen, wenn ich aus dem Zimmer gehe. Na ja, ab und zu passiert es mir auch mal, daß ich eins anlasse, aber dann schalte ich es sofort aus, sobald es mir einfällt.

Neulich war ich gerade auf dem Weg zur Stadt, als es mir eiskalt den Rücken herunterlief: Ich hatte vergessen, im Badezimmer das Licht auszuschalten. Obwohl ich schon fünf Minuten lang unterwegs war, ließ es mir keine Ruhe: Ich mußte umkehren. So benutzte ich sofort die nächste Seitenstraße, um meinen Wagen zu wenden. So schnell wie möglich fuhr ich nach Hause. Leider war auch noch der Aufzug besetzt, so daß ich fast zwei Minuten warten mußte, bis es endlich nach oben ging. Und das Licht brannte tatsächlich noch. 15 Minuten lang hatte die Lampe 60 Watt verbraucht. Gut, dachte ich, daß es mir noch eingefallen war, denn ich wäre sicher zwei Stunden weggeblieben.

In guter Stimmung setzte ich mich erneut hinters Steuer und fuhr der Stadt entgegen. Zwar kam ich diesmal etwas später nach Hause zurück, aber für sorgsames Umgehen mit Energie muß man eben manchmal Opfer bringen.

Wie jeder, der vorbehaltlos für den Umweltschutz eintritt, bin auch ich naturlieb. Jedes Wochenende geht es mit meiner Familie ins Grüne. Da Wissenschaftler festgestellt haben, daß Radfahren gesund ist, haben wir uns Klappräder gekauft, die man bequem im Kofferraum verstauen kann. Wir haben uns vorgenommen, an den Wochenenden der Reihe nach alle Parkplätze in landschaftlich schöner Gegend aufzusuchen, soweit sie an einem Tag erreichbar sind, und von dort aus Touren zu unternehmen. Wenn man so in der freien Natur tief atmend durch den Wald radelt, merkt man erst, wie notwendig und schön eine natürliche Umwelt ist. Dank unserer Bemühungen nähern wir uns einer Zeit, in der man frische Luft nicht nur in Wäldern, sondern auch in jeder Stadt atmen kann.

Selbst wenn es manchmal schwerfällt: Setzen auch Sie sich mal für Umweltschutz ein. Sie werden dann ebenfalls das erhabene Gefühl kennenlernen, das einen befällt, wenn man vor den Augen von Umweltverschmutzern leere Limonadenflaschen aus dem Kofferraum zu den Glascontainern trägt!

6. Lärm und seine Folgen

Ob zu Hause oder auf einem Spaziergang, beim Einkaufen oder bei der Arbeit, auf dem täglichen Weg oder in den Ferien, überall ist man von Geräuschen umgeben. Auf einer Wanderung im Wald lauschen wir dem Zwitschern der Vögel, dem Rascheln im Laub, dem Plätschern eines Baches, und aus der Entfernung dröhnt eine Autobahn. Im Büro begleiten uns das Ticken von Schreibmaschinen, menschliche Stimmen, das Summen von Klimaanlagen, in der Fabrik das Brummen von Motoren, das Hämmern und Quietschen von Maschinen. Zu Hause erfahren wir ungewollt, ob der Nachbar gerade badet und welches Radio- oder Fernsehprogramm er eingeschaltet hat. Das Ticken von Uhren, gelegentliches Knattern von Motorrädern und Heulen anfahrender Autos wie auch das Zuschlagen von Fahrzeugtüren dringt überall an unser Ohr. Es gibt keinen Ort, an dem man nichts vernimmt, und sei es nur das eigene Atmen oder das Klopfen des Herzens. Vielleicht ist es für das menschliche Wohlbefinden auch erforderlich, irgendetwas akustisch wahrzunehmen.

Nicht alle Geräusche rufen bei den Menschen die gleichen Empfindungen hervor. Das Zwitschern von Vögeln wird von den meisten als angenehm empfunden, das Rattern von Preßlufthämmern dagegen nicht. Aber schon bei der Musik gehen die Meinungen auseinander. Man fühlt sich zum Beispiel von den Beatsendungen belästigt, die aus der Wohnung jüngerer Nachbarn ertönen, und diese stöhnen wiederum über die klassische Musik anderer Mitbewohner. Dieselben Sendungen, die am Feierabend entspannen, stören einen nachts um drei. An einigen Tagen bevorzugt man heitere, an anderen ernstere Musik. Die Reaktion auf Geräusche hängt also von der Art, dem Zeitpunkt und der augenblicklichen Gemütslage ab.

Mindestens ebenso wichtig ist jedoch auch die Lautstärke. Es besteht ein großer Unterschied, ob die Düsen eines Flugzeugs auf dem Flughafen ganz in der Nähe oder in großer Entfernung heulen, ob ein Fahrrad oder ein Pkw an einem vorbeifährt, obwohl die Rollgeräusche ihrer Reifen sich sehr gleichen. Während es unmöglich ist, wohl- und schlechtklingende Laute durch wissenschaftliche Meßmethoden voneinander zu unterscheiden, geht das sehr wohl bei ihrer Stärke. Üblicherweise mißt man sie in Bel, wovon der zehnte Teil Dezibel (dB) genannt wird. 1 dB wird als diejenige Lautstärke definiert, die man gerade noch wahrnehmen kann. Beim Dezibel handelt es sich um eine logarithmische Einheit, das heißt, eine Erhöhung um 10 dB bedeutet eine Verdoppelung der Lautstärkeempfindung. 80 dB ist also doppelt so laut wie 70 dB und viermal so laut wie 60 dB. Wie durchdringend man ein Geräusch empfindet, hängt von der Tonhöhe ab; an der unteren und oberen Hörgrenze (16 Hertz und 20 000 Hertz) ist die Empfindlichkeit des Ohrs gering, bei 4000 Hertz (4 Kilohertz) dagegen am größten. Eine Schallfrequenz von 100 Hertz bedeutet, daß die Luft 100 Schwingungen pro Sekunde ausführt. Die tiefsten Töne (16 Hz) erzeugen gelegentlich Autos im Leerlauf; hierbei vibrieren häufig die Fensterscheiben. Eine Frauenstimme hat einen Grundton von 192 bis 384 Hz, eine Männerstimme von 96 bis 192 Hz[62].

Im allgemeinen empfindet man hohe Töne lauter als tiefe. Dieser unterschiedlichen Hörempfindlichkeit trägt die Einheit Phon Rechnung. Bei 20 Phon zum Beispiel hat ein normal hörender Mensch immer die gleiche Lautstärkeempfindung, gleichgültig, wie hoch der Ton ist. Bei 1000 Hertz stimmen Phon und Dezibel überein. Bei 1000 Hertz entsprechen 30 Phon genau 30 Dezibel, bei 4000 Hertz 20 dB und bei 20 Hz 85 dB. Die Schmerzgrenze liegt für alle Frequenzen etwa bei 120 dB, bei einer höheren Lautstärke wird das Ohr unmittelbar geschädigt[62].

Folgende Zusammenstellung soll einen Eindruck von der Phon-Skala vermitteln:

10 Phon: Das Ticken einer Taschenuhr
20 Phon: Blätterrauschen, Flüstern
40 Phon: Leises Sprechen
50 Phon: Normales Konferenzgespräch
60 Phon: Lautes Sprechen
70 Phon: Straßenverkehr
80 Phon: Schreien
90 Phon: Starker Straßenverkehr
100 Phon: Ungedämpfter Motorenlärm, Panzer
120 Phon: Strahlflugzeuge aus der Nähe[63]

Nur auf Flugplätzen bei Start und Landung von Düsenmaschinen hat man Gelegenheit, 120 Phon zu bewundern, die weiteren starken Lärmquellen wie Panzer, Preßlufthämmer und industrielle Hammerwerke trifft man ebenfalls nur vereinzelt an. Beim Straßenverkehr ist das anders: er existiert überall; fast jede Kleinstadt besitzt inzwischen Straßen, auf denen 90 Phon wenigstens zeitweise vorkommen und wo es manchmal nicht gelingt, sich durch Schreien zu verständigen. Selbst in abgelegenen Gebieten wird man ständig an die Existenz von Kraftfahrzeugen erinnert, sei es durch das dumpfe Dröhnen einer entfernten Autobahn oder das vereinzelte Aufheulen von Motoren auf Landstraßen. Bis in die Nacht hinein zieht sich der Verkehrslärm. Ihm kann man in unserem Land nirgendwo entkommen, und daher kommt ihm große Bedeutung zu. Nicht umsonst sieht man das Auto heute als stärkste Lärmquelle an[61].

Die Folgen von Verkehrslärm lassen sich im Gegensatz zu Lärmschäden bei Industriearbeitern nur schwer nachweisen. Obwohl Lärm inzwischen neben Luft- und Wasserverschmutzung, radioaktiver Verseuchung und Bodenverunreinigung als Umweltgefahr angesehen wird, schenkt man ihm wenig Beachtung; es fehlen die Katastrophen, die die Aufmerksamkeit hierauf lenken.

Gegen das Dröhnen startender und landender Flugzeuge wird häufig protestiert, gegen Kraftfahrzeuglärm selten. Hierzu schreibt Key L. Ulrich[65]: »Nicht ganz zu Unrecht erhalten die Protestierenden von der Gegenseite die Antwort, es solle sich niemand über Motorenlärm beklagen, der selbst ein Auto fährt. Daß der Ärger über Straßenverkehrslärm nicht ebenso laut ist wie über Flugzeuge, hängt sicher mit dieser Befangenheit zusammen.«

Auf den Menschen hat Lärm folgende Wirkungen[66]:

1. Lärmschwerhörigkeit. Starke Geräusche schädigen auf die Dauer die schallempfindlichen Zellen des Innenohrs. Das betrifft vor allem Personen, die bei ständigem Lärm arbeiten, also zum Beispiel Beschäftigte der stahlerzeugenden und -verarbeitenden Industrie. Lärmschwerhörigkeit durch Straßenverkehr kann nicht so leicht nachgewiesen werden, weil sich niemand regelmäßig stundenlang außerhalb eines Gebäudes auf übermäßig belebten Straßen aufhält.

2. Verständigungsschwierigkeiten. Die Sprache muß um etwa 10 dB höher liegen als die Störgeräusche, bei fremdsprachlichen Texten sogar um 20 dB, damit man sie gut verstehen kann. Daß dies an stark befahrenen Straßen teilweise unmöglich ist, kann jeder nachprüfen. Bei sehr starkem Verkehr hört man sogar selber nicht mehr, was man sagt. Auch Warnschreie gehen in solchen Fällen unter, wodurch das Unfallrisiko steigt. Eine Verständigung strengt selbst an schwächer befahrenen Straßen an und führt schnell zu Heiserkeit und Halsschmerzen, die die schleimhautreizenden Abgase noch verstärken. Auch muß man sich, um etwas verstehen zu können, stärker konzentrieren: Spezielle Höraufgaben in Arztpraxen sind zeitweise unmöglich, in Schulen sinkt bei starkem Verkehrsaufkommen der Lernerfolg, weil Sprechen und Zuhören größere Anstrengungen erfordern. Bei einem Untergrundgeräusch von 55 dB ist schon bei Entfernungen über 1,80 m eine gehobene Stimme nötig.

3. Belästigung. Ein Spaziergang entlang einer gut befahrenen Straße zur Stoßzeit wird auch von Autoliebhabern als unangenehm empfunden und erst recht, wenn sie sich unterwegs unterhalten wollen. Selbst in Häusern belästigt einen der Verkehrslärm noch. Motoren im Leerlauf lassen die Fensterscheiben vibrieren und erzeugen einen unangenehmen Druck im Ohr. Viele Menschen reagieren ärgerlich auf Motorradfahrer, die mit wenig gedämpften Motoren stark beschleunigen. Einige Taxifahrer, und nicht nur sie, lieben es, die Hupe statt der Klingel zu benutzen, wobei sie ignorieren, daß sie hierdurch auch andere Leute außer dem Fahrgast aufschrecken. Einschnappende Autotüren sind in Wohngebieten die »harmonische Schlagzeugbegleitung« zum ständigen »Gesang« der Rasenmäher und Mofas. Da jedoch der eigene Wagen vor der Tür parkt, regt sich hierüber kaum jemand auf, wohl aber über Radios von Jugendlichen und nahegelegene Kinderspielplätze. Es gibt Leute, die bei der Wohnungssuche peinlichst darauf achten, daß kein Spielplatz in der Nähe ist, wogegen Parkplätze allgemein gern akzeptiert werden. In Siedlungen findet man gelegentlich neben Sandkasten und Schaukel Schilder wie »Spielzeit werktags 9^{00} — 12^{00} und 16^{00} — 18^{00}«, aber niemand denkt daran, von einer bestimmten Uhrzeit an oder am Wochenende den Pkw-Verkehr einzuschränken. Es scheint eben eine unzumutbare Belastung für die Autofahrer zu sein, die 50 Meter zum nächsten Zigarettenautomaten zu Fuß zurückzulegen.

4. Beeinträchtigung der Gesundheit, des Wohlbefindens und des Schlafs. Durch Untersuchungen, in denen Versuchspersonen unter medizinischer Beobachtung starkem Lärm ausgesetzt wurden, stellte man folgende Reaktionen fest[66]: Die Magenbewegung verlangsamte sich, Speichel- und Magensaftproduktion gingen zurück. Geräusche wirken also auf die Verdauung. Auch der Kreislauf bleibt nicht verschont: Der Blutdruck stieg vorübergehend an, die Menge des pro Herzschlag gepumpten Blutes nahm leicht ab, die Haut wurde schlechter durchblutet. Gleichzeitig erweiterten sich die Pupillen, die Versuchspersonen schwitzten stärker und ihr Körper wurde von Hormonen überschüttet. Nachts verhindert Lärm den Beginn der Entspannungsphase oder setzt seine Wirkung herab, häufige Störungen schaden der Gesundheit. Vor allem hemmen plötzliche Geräusche den Schlaf, weniger dagegen langanhaltende. Aber gerade nachts, wenn der Verkehr dünner ist und wegen der freien Straßen viele Kraftfahrer mit überhöhter Geschwindigkeit fahren, ertönt der Motorenlärm kurz und laut.

5. Störung bestimmter Leistungen. Bei einigen Tätigkeiten kann Musik die Leistung steigern, Lärm hemmt sie dagegen mehr oder weniger. Besonders bei geistiger Arbeit wie den Hausaufgaben stören unangenehme und laute Geräusche so sehr, daß es gelegentlich nicht gelingt, eigene Gedanken zu fassen oder andere nachzuvollziehen. Auf stark befahrenen Straßen ist die Lärmbelastung so groß, daß man ihr schon Fehlreaktionen zuschreiben kann. Hinzu kommt noch die schlechte Luft an Verkehrsknotenpunkten, die ebenfalls die Aufnahmefähigkeit herabsetzt. Einige Unfälle lassen sich sicher hierauf zurückführen.

Ein objektiv nachweisbarer körperlicher Schaden, den Lärm verursacht, ist die Schwerhörigkeit. Wie schon gesagt, läßt sie sich schwer als Folge des Straßenverkehrs nachweisen. Alle weiteren Wirkungen des Verkehrslärms kann man unter Behinderung und Belästigung zusammenfassen. Natürlich greifen auch Schlafstörungen, häufiges Aufschrecken und Nervosität die körperliche Gesundheit an; sie verursachen jedoch unterschiedlich große Schäden und werden daher von der Gegenseite als Überempfindlichkeit abqualifiziert.

Selbst wenn es gelänge, Gesundheitsschäden bei Personen eindeutig auf Straßenverkehrslärm zurückzuführen, wäre mit wirkungsvollen Gesetzesänderungen kaum zu rechnen; 15 000 Tote gibt es jährlich bei Verkehrsunfällen in Deutschland, und trotzdem werden nur stückwerkhafte Maßnahmen getroffen, diese Zahl zu verringern. Wie sollte es beim Lärm anders sein! Die wenigen Erfolge, die zur Zeit zu verbuchen sind, bestehen in einer geringfügigen Herabsetzung der Schallemissionswerte für lautere Fahrzeuge oder vereinzelt Schallschutzmauern. Dies bringt jedoch wegen des immer dichter werdenden Verkehrsnetzes keine wirkliche Besserung, sondern sorgt nur dafür, daß der Lärm nicht noch weiter zunimmt. Außerdem sind die technischen Möglichkeiten, den Lärm zu verringern, ohne den Verkehr von Grund auf zu ändern, beschränkt. Folgende Maßnahmen stehen zur Diskussion[67]:

1. Technische Verbesserung des Kraftfahrzeugs, eventuell Ersatz durch Elektrofahrzeuge. Die Erfolge zeigten sich besonders an Stellen, an denen die Wagen anfahren und bremsen, also vor allem im Stadtverkehr. Schätzungsweise könnte durch weitere Schalldämpfer der Lärm in den Ortschaften um 5 dB zurückgehen. Oberhalb einer Geschwindigkeit von 60 bis 70 km/h überwiegt jedoch das Rollgeräusch.

2. Benutzung eines anderen Straßenbelags. Feinere Straßenbeläge senken das Rollgeräusch, begünstigen aber auch gleichzeitig bei Nässe Aquaplaning und verlängern den Bremsweg. Hierdurch entstünde größere Unfallgefahr. Ersetzt man Kopfsteinpflaster durch eine Teerdecke, so sinkt der Lärm um rund 6 dB[67]; es entsteht jedoch für die Kraftfahrer ein Anreiz, schneller zu fahren.

3. Verstärkter Bau von Straßen, so daß die Verkehrsdichte abnimmt. Auch auf diesen Vorschlag, den Autofahrer lebhaft begrüßen, braucht man keine allzugroßen Hoffnungen zu setzen. Zwar könnten, falls die geringere Verkehrsdichte nicht zu forscherem Fahren verführte, einige Straßen ruhiger werden; aber Lücken im Lärmteppich, die trotz aller Bemühungen der Verkehrsplanung noch bestünden, würden damit zugewoben, so daß es bald keinen Ort mehr gäbe, an dem man von andauernden Motorengeräuschen verschont bleibt. Auch Vororte und Villenviertel wären über kurz oder lang vom ständigen Heulen und Brummen der Fahrzeuge erfüllt, was zwar zu mehr sozialer Gerechtigkeit, nicht aber zu größerer Lebensqualität führte. Es sollte weniger das Ziel sein, den Lärm gleichmäßig zu verteilen, als ihn zu vermeiden.

4. Schallschutzmauern von 2 bis 4 Meter Höhe entlang von Autobahnen. Diese Maßnahme wird dort ergriffen, wo neue Autobahnen direkt an Wohngebieten vorbeiführen. Sie vermindern den Lärm um 8 bis 12 dB. Wegen der hohen Kosten zieht man es weiterhin vor, an allen anderen Stellen auf Schirmwände zu verzichten. Denn entgegen einigen Versprechen von Politikern räumt man mehr Autobahnkilometern immer noch den Vorrang vor dem Schallschutz ein.

5. Tunnelführung bzw. Abdeckung von Straßen. Da selbst für einfache Schirmwände kein Geld zur Verfügung steht, sind Tunnelführung und Abdeckung von Straßen erst recht illusorisch. Zwar sänke hierdurch der Verkehrslärm um 30 dB, gleichzeitig können Tunnel unabsehbare Folgen für den Grundwasserspiegel haben.

6. Schalldämmende Fensterkonstruktionen an Gebäuden. Dieser Lösungsvorschlag bietet gegenüber den anderen den zweifelhaften Vorteil, daß nicht der Schädiger oder der Staat, sondern der Geschädigte, nämlich der Anlieger einer befahrenen Straße, den größten Teil der Kosten trägt, auch wenn ihm dafür Steuererleichterungen und gelegentlich ein Zuschuß eingeräumt werden. Man kann mit geeigneten Fenstern den Lärm, der ins Gebäude dringt, um 20 bis 50 dB senken.

Wie sich inzwischen abzeichnet, scheint der letzte Weg zur Zeit der einzig gangbare sein. Denn hier müssen weder der Staat noch der Schädiger die Initiative ergreifen, sondern der Geschädigte in Form von Selbstschutz. Doppelverglasung verhindert, daß Lärm nach innen dringt, zusätzlich aber auch den Verlust von Heizungswärme nach außen. Die gern herangezogene Energiekrise kann also dafür herhalten, daß die Hausbesitzer und damit auch die Mieter für das Luxusgut Ruhe zusätzlich bezahlen. Und für die sozial schwächeren Glieder der Gesellschaft ist Ohropax zu empfehlen, das man allerdings im Gegensatz zur Doppelverglasung nicht steuerlich absetzen kann.

7. Autoreklame

Sie sitzen zu Hause im Sessel, einen Werbeprospekt auf dem Schoß. Die gleichmäßig blaue, sauber glänzende Karosserie springt Ihnen direkt ins Auge. Ein romantisch roter Sonnenuntergang im Hintergrund läßt die verchromten Teile in einem Licht erstrahlen, das Sie melancholisch stimmt. Sie erinnern sich an einen glücklichen Ferienabend am Meer, wo sie zu zweit Hand in Hand am Strand entlang schlenderten. Der nebenstehende Text sagt Ihnen, was Sie vor sich sehen: das beliebteste und eleganteste Auto in ganz Europa, günstig in der Anschaffung und sparsam im Verbrauch. Sie lesen:

»Die großen, rechteckigen Halogen-Scheinwerfer mit integrierten Blinkleuchten, der vergrößerte Grill und ausgeprägte Frontspoiler bestimmen sein markantes Gesicht.«

Sie sehen in dieses Gesicht, und Sie beginnen, einen Hauch von Zuneigung zu empfinden. Es folgt:

»Die neuen, starken Stoßfänger mit breiter Gummiauflage reihen sich harmonisch ein.«

Ihr Blick schweift zum Foto zurück. Das markante Gesicht wird Ihnen vertrauter, Sie glauben, es schon lange zu kennen. Es entwickelt sich eine persönliche Beziehung zwischen Ihnen und dem Wagen, und je tiefer Sie ihm ins Gesicht schauen, desto enger wird sie. Nur noch mühsam gelingt es Ihnen, sich aus seinem Bann zu befreien und im Text fortzufahren:

»Seitliche Schutzzierleisten mit PVC-Einlage, silbern lackierte 4-Speichen-Sportfelgen geben ihm eine besonders sportliche Note.«

Sie können Ihre Augen kaum noch vom Bild abwenden. Sie fühlen bei seinem Anblick Ihr Herz pochen, ein erotisches Gefühl zum Gesicht, zur Zierleiste und zu den Sportfelgen kommt in Ihnen auf.

Sie blättern um. Unter der Überschrift »Mehr Kraft, mehr Luxus« sehen Sie in das geräumige Innere des Wagens. Die ockergelben Sitze, von der Sonne angestrahlt, spiegeln Ihnen einen frühsommerlichen Ausflug unter azurblauem Himmel und strahlendem Sonnenschein vor. Sie haben das Gefühl, in ihm zu sitzen und auf einer Landstraße, die nur Ihnen allein gehört, zu einem See zu fahren.

»Ein zusätzliches Geräuschdämpfungspaket sorgt für angenehme Ruhe.«

Sie hören förmlich das sanft summende Motorengeräusch, das auf Sie beruhigend wirkt, und fühlen sich glücklich. In Ihrer Vorstellung sind Sie schon stolzer Besitzer dieser Luxuslimousine. Sie halten das griffige 4-Speichen-Sportlenkrad in Ihrer Hand, sehen die Schatten nach hinten weichen, die das Laub der Bäume auf den Kühler Ihres Autos wirft, und fühlen sich frei.

Auf der nächsten Seite werden Ihnen die Vorteile des Fahrzeugs enthüllt: großer, geräumiger Kofferraum, vier Türen, abschließbarer Tankdeckel, hohe Geschwindigkeit, gute Beschleunigung, kraftvoller Motor. Immer mehr geraten Sie in den Bann dieses Wagens. Sie merken, daß Sie ihn brauchen, daß Sie nur mit ihm glücklich sein können. Alle Bedenken gegen ihn jagen Sie fort. Selbst wenn Sie bisher meinten, auf ein Auto verzichten zu können, jetzt wissen Sie, daß Sie eins dringend benötigen. Ihr Denken wird mehr und mehr in den Dienst Ihres Gefühls gestellt. Ihnen fallen ständig neue Gründe ein, die für den Kauf dieses Wagens sprechen: der günstige Anschaffungspreis, der bei dieser Luxusausführung lächerlich klein erscheint, der geringe Verbrauch trotz der hohen Motorenleistung, die große Bewegungsfreiheit, über die Sie mit ihm auf einem wohlausgebauten Straßennetz verfügen... Sie beginnen zu rechnen: »Wenn ich mich in den und den Punkten etwas einschränke und einen zinsgünstigen Kredit bei der und der Bank aufnehme, könnte ich schon morgen den Kaufvertrag abschließen.« Nichts kann Sie mehr von diesem Vorhaben abbringen. Sie sind fest entschlossen. Wenige farbige Seiten auf Glanzdruckpapier haben Sie von einer Marke und der Notwendigkeit eines Personenwagens überzeugt.

Solche oder ähnliche Reaktionen erhoffen sich die Autoren von Werbeschriften. Sachliche Information wird geschickt in eine Form gekleidet, die das Gefühl stark anspricht. Farbige Gestaltung soll Wünsche wecken, für deren Befriedigung man rationale Begründungen im Text findet[68].

Indem in der Reklame von dem »markanten Gesicht« gesprochen wird, steigt das Fahrzeug zu einer Persönlichkeit auf. Es ist kein Fließbandobjekt mehr, sondern ein Individuum, für den Käufer persönlich bestimmt. Unterstrichen wird dies noch durch das Angebot vieler Pkw-Hersteller, aus einer Kollektion von Farben, Polstern und Innenausstattungen sich seinen persönlichen Wagen zusammenstellen zu können.

Wen mag es da noch verwundern, daß die meisten Autofahrer auf ihr Fahrzeug schwören und selbst seine Mucken liebgewinnen. Nicht umsonst besitzen mehr als die Hälfte aller Personenwagen einen Namen, der in den meisten Fällen eine Koseform ist. Schnuffi, Knatterchen oder Quietschi sind sehr beliebt, aber es kommen auch Namen vor, die an eine Freundin oder ein Haustier erinnern. Das Auto wird kaum noch als eine leblose Maschine angesehen, sondern eher als einen (austauschbaren) Lebensgefährten. Dies spiegelt sich natürlich in der Reklame wieder, denn sie kann nur dann wirksam sein, wenn sie in der Sprache des potentiellen Kunden redet.

Auffassung des Käufers und Reklame stehen so in einer engen Beziehung zueinander. Werbefachleute erforschen durch Umfragen und Trendanalysen die Vorliebe der Kunden, um ihre Arbeit möglichst wirkungsvoll zu gestalten. Gleichzeitig werden die Umworbenen durch diejenigen Reklamen geprägt, die ihren Meinungen am meisten entsprechen.

Die Autoreklame liefert daher sowohl ein gutes Bild von der Einstellung der Bevölkerung zum Pkw als auch von den Zielen der Kraftfahrzeugindustrie. Sehr von diesen Auffassungen und Absichten beeinflußt sind Beiträge in Zeitungen, Zeitschriften, Illustrierten, Radio und Fernsehen, die für Autofahrer gedacht sind. Für die Berichte über einzelne Wagen erhalten die Autoren einen Großteil ihrer Information direkt vom Hersteller. In den meisten Fällen sind sie selber überzeugte Autofahrer, setzen sich kaum kritisch mit dem Pkw-Verkehr auseinander und schreiben so, wie sie es auf Grund jahrzehntelanger Reklamedressur gewohnt sind. Für Personenwagen wird also direkt in Form von Reklame und indirekt in Form von redaktionellen Beiträgen geworben.

Werbung und Massenmedien beeinflussen die Konsumenten in zwei Hinsichten[69]:

1. Vor dem Kauf ist der Kunde schon durch die Reklame auf eine oder wenige Marken festgelegt. Ohne selber den Unterschied zu kennen, ist er davon überzeugt, daß der eine Wagen (für ihn) eher in Frage kommt als der andere. Gleichzeitig ist mit der Marke ein Image des Fahrers verbunden: Familienväter bevorzugen danach Opel (weil er so familienfreundlich ist ...), Playboys den Porsche, Studenten die Enten, Neureiche den Mercedes und diejenigen, die sich für Individualisten halten, den Peugeot.

2. Daneben hat Werbung gemeinsam mit redaktionellen Beiträgen noch eine weitere Wirkung, die verhängnisvoll für die gesamte Gesellschaft ist: Sie lehrt einen Lebensstil. Das Auto gehört danach in unsere Gesellschaft, jeder braucht eins, ohne ist man nur ein halber Mensch. Der Personenwagen wird zum Symbol für Beweglichkeit, Lebensfreude, Vitalität, aber auch für Sportlichkeit, Hilfsbereitschaft und Kameradschaft. Moderne Menschen fahren Auto und dokumentieren so den Stil unserer Zeit.

Wie sehr der Lebensstil »Autofahren« schon ins allgemeine Bewußtsein gedrungen ist, zeigt deutlich eine »Information des Bundesministeriums für Wirtschaft«, die unter anderem in der Fernsehzeitschrift »Funk Uhr«, Heft 36, 1978 erschien: In der zweiseitigen Anzeige wird auf einem Foto, das etwa die Hälfte des Raums einnimmt, eine glückliche vierköpfige Autofahrerfamilie gezeigt, die gerade ihren auf dem Gehweg parkenden Wagen mit Picknicksachen belädt. Sie stehen schätzungsweise vor einem Wochenendausflug ins Grüne. Darunter in großen Lettern der Satz: »Energie ist Beweglichkeit — ist Freude. Verschwende sie nicht.« Der Grundgedanke ist also, weniger Energie zu verbrauchen, damit man noch lange bei strahlendem Wetter mit dem Personenwagen ins Grüne fahren kann. Im folgenden Text liest man unter anderem: »...Im Haushalt und beim Autofahren geht sehr viel Energie verloren. Wertvolle Energie wird verschwendet...« Aber nicht durch das Pkw-Fahren an sich, sondern nur durch schlechte Fahrweise vergeudet man nach dieser Informationsschrift Energie. Denn unter der Überschrift »Auto fahren — und was jeder einzelne tun kann« folgen lediglich Ratschläge, wie man mit möglichst wenig Benzin möglichst weit fahren kann.

Die wirksamste Methode, Energie zu sparen, wird hier vollständig übersehen: nämlich das Auto in der Garage stehenzulassen. Es wird aufgeführt, wie man durch das Fahrverhalten 10 Prozent des Benzins einsparen kann, die Aufforderung jedoch, 100 Prozent einzusparen, geht den Werbern über den Verstand. Denn ohne das Auto geht es nun einmal nicht, selbst nicht am Wochenende.

Allerdings fragt sich auch, ob die Aufforderung, auf den Wagen am Sonntag zu verzichten, Sinn hätte: Eingefleischte Autofahrer sind, besonders wenn sie sich umweltbewußt geben, allemal bereit, ihr Fahrverhalten etwas zu ändern. Über den eigenen Schatten zu springen, gegen ein jahrzehntelang aufgebautes Selbstgefühl zu handeln, ist bedeutend schwieriger. Eine Anzeige, in der man die Familien anhielte, das Auto am Wochenende zu Hause stehenzulassen, würde als unrealistisch abgetan: »Die haben doch keine Ahnung, wer so hart arbeitet wie ich, braucht eben seine Erholung außerhalb der Stadt« und »ohne Auto müßte man die Bahn nehmen, und die kann man sich als Arbeitnehmer nicht mehr leisten« und »bei dem Verkehr kann man es nicht mehr verantworten, mit Kindern auf dem Rad in der Stadt zu fahren«. Vom einzelnen aus gesehen scheinen manche Argumente berechtigt zu sein, insgesamt ist jedoch das Paradoxe an der ganzen Sache offensichtlich. Fraglich ist darüber hinaus, ob es dem Bundesministerium für Wirtschaft überhaupt recht wäre, wenn alle auf das Auto verzichteten: Angst vor Arbeitslosigkeit und Einbußen im sogenannten Lebensstandard sind sicher stärker als Vernunft.

Der so aufgebaute Lebensstil führt zu einer Abhängigkeit vom Auto. Indem einem ständig eingeflößt wird, daß man ein Kraftfahrzeug benötigt, glaubt man schließlich selber daran und vertritt diese Auffassung mit vollster Überzeugung. Der Personenwagen wird fast schon als notwendiger Bestandteil unseres Staates und eventuell sogar als Garant jeglicher menschlichen Ordnung angesehen, so daß es sich bei Autogegner entweder um weltfremde Idealisten oder Naturfetischisten, um Anarchisten oder um Leute handelt, die einer politischen Irrlehre anhaften. Zeitschriften für Autofahrer legen hiervon Zeugnis ab. So konnte man zum Beispiel in »Auto, Motor und Sport« vom 16. August 1978, Heft 17, unter der Überschrift »Die neue Anti-Autowelle« von Theo Romahn lesen: »Neue Gefahr droht der automobilen Gesellschaft aus den Zentren der alten Anti-Autokämpfer. Obwohl die seit 1960 praktizierte Stadtverkehrspolitik auf allen Linien gescheitert ist, haben die Repräsentanten dieses falschen Kurses einen neuen Anlauf gestartet, um die Milliarden der automobilen Gesellschaft wiederum für autofeindliche Zwecke zu verschwenden.« Ausbau des öffentlichen Nahverkehrs und die Errichtung verkehrsberuhigter Zonen in den Städten, wie im folgenden ausgeführt, sind also Verschwendung, für die das Geld vergeudet wird, das eigentlich für mehr Straßen dasein müßte. Es wird von einer automobilen Gesellschaft gesprochen, womit ausgedrückt werden soll, daß wir Steuerzahler ja alle Autofahrer sind und daher ein Recht darauf haben, daß das Geld auch für uns und damit für unsere motorisierte Fortbewegung ausgegeben wird. Der Vorschlag des Deutschen Instituts für Urbanistik, die Kosten für verkehrsberuhigte Zonen in den Städten und die Subventionen des öffentlichen Verkehrs dem Etat für Fernstraßenbau zu entnehmen, wird folgendermaßen abgetan: »Damit für wenige die Störungen durch Lärm und Abgase etwas geringer werden, sollen alle Autofahrer des Schutzes für Leib und Leben beraubt werden, den sie durch 1500 Kilometer sichere Straßen erhalten.«

Ebenfalls bezeichnet Romahn die Rechnung des unabhängigen Instituts, daß selbst bei Berücksichtigung von Mineralöl- und Autosteuer der Straßenverkehr immerhin noch subventioniert werden muß, als »Eine Reihe abenteuerlicher Milliardenverschiebungen«.

Besonders deutlich zeigt sich die Überzeugung, daß der Pkw das einzig wahre Verkehrsmittel ist, im folgenden Satz: »Die Planungsdirigisten verschieben und verschaukeln die Massen hin und her, so daß am Ende immer das eigene Vorurteil bestätigt wird — raus aus dem Auto, laufen, radfahren und rein in die öffentlichen Massentransporter.« Negativer kann man es kaum noch ausdrücken. Auch wenn diese Sätze einzeln aus dem Zusammenhang herausgenommen wurden und somit die Auffassung des Autors nur bruchstückhaft wiedergeben, so wird doch deutlich, daß er den Personenwagen als das A und O des Verkehrs ansieht, dem alle übrigen Verkehrsmittel unterzuordnen sind.

Der Lebensstil »Autofahren« wird also durch solche Artikel und durch die Werbung propagiert. Ein Blick auf die Autoreklame zeigt, welche Methoden die Werbefachleute anwenden, um die gewünschten Bedürfnisse zu schaffen:

Es gibt Eigenschaften, von denen jeder gerne behauptet, daß er sie besitzt. Jugend, Sportlichkeit und Eleganz stehen hoch im Kurs, man will spritzig und kraftvoll sein. Dies wird gerne ausgenutzt: Man spricht von einem »sportlich getrimmten« Auto, das »bequem und ruhig, wenn nötig aber auch ausreichend spritzig« fährt. »Man spürt seine Kraft« kann man in Werbetexten lesen. Mit solchen Sätzen über den Wagen fühlt sich der Fahrer selbst bezeichnet, Sportlichkeit und Kraft sind nicht nur Eigenschaften der Limousine, sondern vor allem die des Besitzers. Man sucht das Fahrzeug, das eine »zur Persönlichkeit passende Leistungsstufe« besitzt, und kann so seine sportliche, jugendliche und kraftvolle Seite nach außen hin dokumentieren. Man will Spaß und Freizeit haben, und daher wurde der Begriff »Spaß- und Freizeitauto« geprägt.

Das lateinische Wort »potestas«, zu Deutsch »Leistungsfähigkeit«, taucht in der heutigen Zeit im Wort »Potenz« wieder auf. Sieht man von der mathematischen Fachterminologie ab, so wird es in der Umgangssprache fast ausschließlich auf den sexuellen Bereich bezogen. Es eroberte sich jedoch auch in der Autoreklame einen Platz. Ein Beitrag in einer Autozeitschrift über einen Sportwagen, wohlgemerkt keine Werbung, begann mit der Überschrift: »Ein Potenz-Paket für 5 Mille«. »Von seiner zusätzlichen Potenz« sei äußerlich nichts zu merken, berichtet der Autor, er besitze ein »hohes Spurtvermögen« (sportlich), der Motor »knurrt kernig«. Ein solcher Artikel richtet sich schätzungsweise in erster Linie an junge Leute oder an Männer im »zweiten Frühling«, die sich auf der Höhe ihrer Manneskraft fühlen oder gerne so angesehen würden.

Ein wesentlicher Punkt der Werbung kann schon im Namen liegen. Die Bezeichnung »Herkules« für ein Motorrad spricht vor allem Leute an, die gerne den »starken Mann« spielen wollen. Man bildet sich ein, die Kraft des Namens färbe auf den Fahrer ab. Mit schwarzer Lederjacke und Vollvisierhelm fühlt man sich in den Mittelpunkt gerückt und von den Mädchen bewundert.

Der Autoname »Mustang« versetzt den Fahrer in die Welt der Cowboys und Indianer, in hoher Geschwindigkeit wird die Wildnis durchjagt, man fühlt sich frei wie ein Wildpferd und läßt das tägliche Einerlei der Zivilisation hinter sich. »Jaguar« für einen Sportwagen rückt den Fahrer ebenfalls in eine Wildnis, diesmal als Raubtier, dessen

Kraft die Umgebung erbeben läßt. Man ist Herr des Reviers, sprich der Straße, und niemand wagt es, einem nahe zu kommen.

In die gleiche Richtung geht auch der Trend zu Geländewagen, die ebenfalls mit passenden Namen ausgestattet werden: Iltis, Tundra, Land Rover, International Scout, Explorer ... All diese Fahrzeuge sprechen Leute an, die täglich hinter dem Schreibtisch hocken und nach Feierabend und in den Ferien die Zivilisation hinter sich lassen wollen. Man fühlt den Drang zur Freiheit des Wilden, die dem überzivilisierten Menschen verwehrt ist. Unter ihren Besitzern befinden sich sicher häufig Campingfreunde und Leute, die gerne lange Autorundfahrten machen (»Freizeitwilde«). In die gleiche Richtung lassen sich auch die Raubtiernamen der Panzer in der Bundeswehr einordnen. Das Abenteuer Wildnis, in der Großstadt verlorengegangen, taucht weiterhin in den Wunschträumen vieler auf, die es auf dem Motorrad, im Sport- oder Geländewagen wiederzufinden hoffen.

Ganz anders ist der Name »Senator« geartet. Für dieses Auto werden sich vorwiegend Leute im mittleren Alter interessieren, die stolz auf die gesellschaftliche Stellung sind, die sie erreicht haben. Dementsprechend wirkt auch die Werbung für diesen Wagen hochgestochen und ist mit Fremdwörtern übersät:

»Der Senator ist eines der fortschrittlichsten Automobile der internationalen Spitzenklasse. Konstruiert nach dem Konzept der Funktionalität, ist er die Verwirklichung einer unserer Zeit gemäßen Form von Mobilität. Ein zukunftsweisendes Automobil, das sich durch souveräne dynamische Leistung, beispielhaften Komfort und ein Höchstmaß an Sicherheit auszeichnet. Die Überwindung traditioneller Alternativen zugunsten konsequenter Funktionalität.

Die sachliche und elegante Linienführung des Senators ist das Ergebnis eines konsequent an Sicherheit orientierten und von aerodynamischen Gesetzen geleiteten Konstruktionskonzepts ...

Komfort ist beim Senator Resultat des ungewöhnlichen technischen Aufwandes, der der Entlastung des Fahrers gewidmet wurde:

Ergebnis eines von Grund auf neu konstruierten und sorgfältig abgestimmten Fahrwerks, perfekt geformter Sitze und eines nach ergonomischen Gesichtspunkten gestalteten Cockpits.«

Bemerkenswert ist auch folgende Anzeige, die in einer Fernsehillustrierten erschien:

»Bitte anschnallen. Wir starten. Der Gurt klickt, der Schüssel wird im Schloß gedreht, der Motor springt sofort an. Man spürt seine Kraft. Gang einlegen, beschleunigen, in wenigen Sekunden ist man auf 50 ... Das Sportlenkrad ist griffig. Der Drehzahlmesser liegt gut im Blick. Genau wie Tachometer, Öldruck- und Kühlwassertemperaturanzeige. Kurven, Steigungen, lange Geraden. Es macht so richtig Spaß zu fahren.«

Dieser Text spricht vor allem Leute an, die sich gerne als Renn- oder Rallyefahrer sähen (nicht umsonst wird hiermit für einen Wagen geworben, der den Zunamen »Rallye« besitzt). Folgende Illusion soll wahrscheinlich erzeugt werden:

Man sitzt im Wagen, der Motor befindet sich im Leerlauf. Neben sich sieht man eine Reihe weiterer Fahrzeuge, alle startbereit. Man gibt Gas, der Motor heult auf. Man wartet auf den Startschuß. Endlich ertönt er. Gang einlegen, beschleunigen. Die anderen bleiben zurück. Das Tachometer steigt und steigt. Es folgen Kurven. Reifen quietschen, der Wagen drängt nach außen, aber liegt gut auf der Straße. Es geht bergauf. Die anderen fallen mehr und mehr zurück. Man nähert sich dem Ziel als Sieger.

Diese Reklame gestattet es, sich mit seinem Idol, einem Rennfahrer, zu identifizieren. Was für den Jugendlichen der Schlagerstar und den Fußballfan der beste Spieler seiner Lieblingsmannschaft ist, das ist für den Vollblutautofahrer der Held des Motorsports.

Der Begriff des Motorsports beinhaltet strenggenommen einen Widerspruch in sich: Versteht man unter Sport körperliche Ertüchtigung, so kann man Autorennen nicht hierzu zählen, weil man kaum Kraft benötigt, um einen Wagen zu steuern, noch seine Kondition erhöht. Alle Leistung wird von der Maschine erbracht, der Fahrer ist lediglich das Gehirn des Wagens. Man kann daher eher von Fahrtechnik als von Motorsport sprechen.

Es gibt Aussagen der Werbung, die vom Auto genau das Gegenteil behaupten, was es in Wirklichkeit ist: »Das Auto von morgen ist ein

Stückchen Lebensraum, in dessen Mittelpunkt der Mensch steht«. Versteht man unter »Lebensraum« Blechgehäuse und unter »im Mittelpunkt stehen« innen angeschnallt sitzen, so mag die Aussage zutreffen. Geht man jedoch vom natürlichen Lebensraum aus, so stellt man fest, daß der Mensch hieraus mehr und mehr vom Kraftfahrzeug verdrängt wird.

»Weil er so familienfreundlich ist« gehört auch zu den paradoxen Reklameslogans. Gerade das Auto zerstört viele Familien, weil häufig beide Elternteile arbeiten müssen, um die Raten für den Wagen abzubezahlen, und sie sich sonntags nicht mit den Kindern beschäftigen, sondern sie auf den Rücksitz pferchen, sie ausschimpfen, wenn sie sich nicht ruhig verhalten und eventuell bei großer Hitze im Wagen kilometerweit transportieren.

»Der Spaß am Autofahren hat eine neue Größenordnung.« Ich frage mich, welchen Spaß es bereitet, in Staus zu fahren und schlechte Luft zu atmen. Dollinger schreibt dazu[70]:

»Inzwischen kann es ja gar nicht mehr darum gehen, ihnen (d.h. den Autofahrern) den Spaß am eigenen fahrbaren Untersatz zu nehmen, weil die katastrophale Überfüllung unserer Straßen ihnen diesen Spaß längst verdorben hat. Nur ein höchst merkwürdiger, kaum bewußter Masochismus, der uns alle zu Sklaven der Motorisierung macht, beläßt uns die Illusion, daß das Auto uns noch jenes Hochgefühl von Freiheit, Sicherheit und Selbständigkeit gewähre, das uns ein riesiger Indoktrinations- und Werbeapparat einzureden versucht.«

Zukunftsglaube, Begeisterung für Technik und Wissenschaftsgläubigkeit waren Grundzüge der vergangenen Jahrzehnte. Auch sie machen sich die Werber für Automobile zunutze:

»Die luxuriöse Zukunft: Modernste Technik und zukunftsweisende Ideen. Das ist die neue XY-Limousine.« Ob die Zukunft wirklich so luxuriös sein wird, wenn die Motorisierung weiterhin so stark zunimmt, mag ernstlich bezweifelt werden. Den Luxus »reine Luft« und »Ruhe« kann sich heute ja schon kaum jemand mehr leisten. Noch deutlicher erkennt man die Zukunftsgläubigkeit in folgender Anzeige, die nicht für einen speziellen Wagen, sondern eine Marke wirbt:

»Modernste technische Hilfsmittel und forschender Geist bringen nicht nur bessere Automobile hervor. Hier werden Umweltschutz-Ideen geboren und Techniken entwickelt, die Rohstoff- und Energiereserven schonen. Neuartige Energiequellen werden technisch nutzbar gemacht und neue Methoden erforscht, die Arbeit zu erleichtern und ihre Ergebnisse zu verbessern.«

Diese Reklame schwimmt darüber hinaus auf der Umweltschutz- und Energiekrisenwelle in der Hoffnung, auch energiebewußte Bürger (oder solche, die sich dafür halten) für ihre Wagen zu gewinnen. Es stellt sich überdies die Frage, welche neuartigen Energiequellen gemeint sind.

Arbeitslosigkeit wird ebenfalls zu einem beliebten Thema. Die Anzeige fährt fort:

»... auch in ferner Zukunft Produkte zu fertigen, die Arbeitsplätze schaffen und vielen Menschen gute Dienste leisten. Und ob der Lebensstandard unseres Landes eine Zukunft hat, hängt vom Geist ab, den wir in neue Techniken investieren. Um neue Energiequellen zu erschließen, um neue Rohstoffe zu finden und eine lebensfreundliche Umwelt zu schaffen.«

Es ist fraglich, ob durch Herstellung von Kraftfahrzeugen, ganz gleich welcher Art, die Umwelt »lebensfreundlicher« wird. In die gleiche Richtung schlägt auch eine Werbung, die Sie sicher kennen und die immer mit dem Satz endet: »Es gibt viel zu tun, packen wir's an.«

In einer Zeit, in der der Arbeitsprozeß möglichst rational gestaltet wird und Nutzen-Kosten-Rechnungen bei der Produktion entscheidend sind, sieht sich jeder gerne als nüchterner Denker. Man will verstandesmäßig und praktisch handeln, alle Tätigkeiten sollen sinnvoll und ökonomisch sein. Daher muß man auch beim Autokauf das Gefühl haben, sich an Zweckmäßigkeitsmaßstäben zu orientieren. Rationalität ist der Stil unserer Zeit und somit auch modern. Ein Beispiel für eine Reklame, die dieser Zeiterscheinung folgt, soll hier wiedergegeben werden:

Im Vordergrund des Fotos steht der Wagen, für den geworben wird. An ihn lehnen sich zwei junge Leute im Alter von etwa 25 Jahren, elegant gekleidet, etwas abseits hält sich ein älterer Herr von gepflegtem und gebildetem Äußeren auf, der gemeinsam mit einer jungen Dame in ein Heft sieht. Ein gut erhaltenes Damenfahrrad verstärkt die intellektuelle Wirkung dieser beiden Personen. Den Hintergrund bildet das dekorative Hauptgebäude der Bonner Universität. Ob die abgebildeten Personen Studenten und einen Professor darstellen sollen, läßt sich nicht sagen; auf alle Fälle soll das Bild suggerieren, daß es sich um kühl rechnende Leute handelt, die schon allein vom Alter her (mit Ausnahme des älteren Herrn) im allgemeinen über kein hohes Einkommen verfügen und somit ein zweckmäßiges und preiswertes Auto bevorzugen. Der zugehörige Text lautet:

»Denken junge Leute wirklich praktisch? Wir sagen: ja. Nehmen Sie die Käufer des XY. Sie sind ausgesprochen jung. Und ihr Auto ist ausgesprochen praktisch. Es ist kompakt, d.h. gut zu parken. Es hat eine Menge Platz für Leute und Ladung. Und es hat die große praktische Hecktür.

Dazu kommt noch, daß es in der Praxis wenig kostet: Der XY braucht wenig Benzin, ist günstig in Steuer und Versicherung. Und nicht zuletzt der Anschaffungspreis. Und das, obwohl er alles hat, was Autofahren sicher und angenehm macht — ohne entbehrlichen Zierat.

Genau richtig — denn junge Leute denken eben praktisch!

Fühlen Sie sich jung genug für dieses Auto? Dann sollten Sie ihn mal anschauen, den praktischen XY.«

Jung, praktisch, günstig, sicher und angenehm, hier wird trotz des rationalen Anscheins das Gefühl angesprochen, das Gefühl, logisch, bewußt und zeitgerecht zu handeln. Diese Werbung schmeichelt dem Selbstbewußtsein.

Reklame ist nur dann wirkungsvoll, wenn sie nicht zu sehr gegen die Meinung der möglichen Kunden redet. Dazu gehört auch, daß sie herrschende Vorurteile geschickt für ihre Zwecke einspannt. Das Klischee von der Frau am Steuer, die von technischen Dingen und vom Autofahren nichts versteht und daher einen unkomplizierten Wagen braucht, mit Freundinnen zu Boutiquen fährt und mit vielen Taschen wieder herauskommt, ist in folgender Werbung eingearbeitet:

»Was ist eigentlich dran am ...City J, daß er die Herzen so vieler junger Damen im Sturm erobert?

Ganz einfach: Er ist zuverlässig, unkompliziert, läßt sich leicht dirigieren und hat nie Launen. Er bekommt auch vor fünf Freundinnen auf einmal keinen Schreck, sondern bringt sie flott hin, wohin sie möchten. Jederzeit. Er trägt die Koffer, Taschen und Tüten und sorgt dafür, daß auch am Monatsende immer noch genug für die hübsche Bluse aus dem Schaufenster übrigbleibt. Obendrein sieht er auch noch gut aus ...«

Reklametexte besagen also, daß man nur jung, elegant, spritzig, modern, kraftvoll, mobil, sportlich und individuell sein kann, sich nur frei, glücklich, lebensfroh und ausgelassen fühlt und sich nur praktisch, intelligent, rational, umweltbewußt und familienfreundlich verhält, wenn man einen Pkw, und zwar den zu seiner Persönlichkeit passenden, besitzt. Noch eine weitere beneidenswerte Eigenschaft besitzen Autofahrer: Sie haben Hilfsbereitschaft und Kameradschaft für sich gepachtet. »Hallo Partner« ist ein Beispiel dafür, wie durch Verstärkung dieses Bewußtseins für ein vernünftiges und verantwortungsbewußtes Fahrverhalten geworben wird (Damit soll nicht gesagt sein, daß diese Aktion schlecht ist, sondern nur, daß sie das momentane Bewußtsein deutlich wiederspiegelt). Wen wundert es da, daß sich der eigene Wagen wachsender Beliebtheit erfreut und auch in Zeiten wirtschaftlicher Flaute reichlich Käufer findet?

8. Erziehung zum Autofahrer

Raketen, Flugzeuge und Autos üben auf viele Kinder eine große Faszination aus. Schon die Jüngsten schieben gerne Spielzeugwagen vor sich her und beobachten die Drehbewegung der Räder; Holzstücke verwandeln sich in ihrer Vorstellung in Fahr- und Flugzeuge, deren Motorengeräusche laut und vernehmlich nachgeahmt werden. Später müssen die Spielzeugfahrzeuge maßstabgerecht den Originalen entsprechen, Marke, Styling, Leistung und Spitzengeschwindigkeit werden interessant. Schüler der Klassen 5 und 6 nutzen häufig jede Gelegenheit, Auto-, Flugzeug- oder Rennquartett zu spielen, wobei es darauf ankommt, den anderen durch möglichst hohe Werte zu übertrumpfen. Der Vorschlag, einmal die niedrigsten Zahlen gewinnen zu lassen, wird von ihnen als falsch und unsinnig abgelehnt. Über die verschiedenen Autotypen wissen sie besser Bescheid als ihre Eltern, die sie beim Kauf eines neuen Wagens zu deren Leidwesen ausgiebig beraten. Der größte Wunsch vieler Vierzehn- und Fünfzehnjährigen ist das Mofa, für das man emsig spart und die Eltern bearbeitet. Mit sechzehn reichen 25 Kilometer in der Stunde nicht mehr aus; ein Moped muß nun her. Mit achtzehn ist man endlich so weit: als Geburtstagsgeschenk erwartet man nun ein Motorrad oder einen Gebrauchtwagen, denn die Fahrprüfung ist schon in wenigen Tagen.

Was macht das Auto eigentlich so attraktiv, daß Kinder sachverständig hierüber sprechen, über alle Eigenschaften der einzelnen Marken Bescheid wissen und Jugendliche lange für die Fahrprüfung und den Autokauf sparen? Gibt es ein natürliches Bedürfnis nach motorisierter Fortbewegung, oder hängt es mit der Erziehung zusammen?

Kinder und Jugendliche wachsen heute in einer Atmosphäre auf, in der sie nur das Leben mit dem Pkw (oder trotz des Pkws) kennen. Für sie gehört das Auto zur Welt wie der Baum oder der Strauch. Für Stadtkinder ist das Kraftfahrzeug zum Teil sogar selbstverständlicher als Pflanzen und Tiere. Dies prägt in gewisser Weise ihre Einstellung zum Verkehr. Pädagogen konnten nachweisen, daß der erste Schritt bei Kindern, eine feste Meinung über einen Tatbestand zu erlangen, die Gewöhnung daran ist[71].

Ständig sieht das Kind, wie sich sein Vater morgens mit dem Pkw zur Arbeit begibt und abends hiermit zurückkommt, wie die Eltern jeden

Freitagabend mit dem Wagen zum Einkaufen in die Stadt fahren und wie die ganze Familie am Wochenende auf vier Rädern fünfzig Kilometer und mehr zurücklegt, um einen halbstündigen Waldspaziergang zu machen oder in einem Ausflugslokal Kaffee zu trinken. Es bemerkt die Hilflosigkeit seiner Eltern, wenn der Wagen einmal nicht anspringt, und erkennt, daß man ohne Kraftfahrzeug gleich einer Pflanze ortsgebunden ist. Es beobachtet, wie seine Lehrer regelmäßig im Auto zur Schule fahren, und blickt sich verwundert um, wenn es einmal einen im Schulbus oder morgens auf dem Fahrrad entdeckt. Es freut sich im Winter über eine Ansage in der Schule, daß die Stunden bei einem Lehrer ausfallen, weil seine Garagentür zugefroren ist, hört ständig die Lieblingsthemen der Erwachsenen, nämlich Fahrprüfung, Autopflege, Blechschäden, Reparaturkosten und Mammutstrecken. Es ist begeistert, wenn sein Vater ihm auf der Autobahn die gute Beschleunigung seines Wagen vorführt, und enttäuscht, wenn sie plötzlich überholt werden. Dann faßt es den Entschluß, sich später ein schnelleres Fahrzeug zu kaufen. Daß ein Auto sein muß, weiß es schon jetzt, nur die gewünschte Marke wechselt ständig, wie sich auch Styling, Geschwindigkeits- und Beschleunigungswerte alle paar Jahre ändern. Es hört Leute abfällige Bemerkungen über Kleinwagenbesitzer machen und über Radfahrer und Fußgänger schimpfen, die den Verkehr aufhalten oder sich wie »gesengte Säue« auf der Straße benehmen. Alles in allem bildet sich die Meinung, daß man nur mit einem Auto vorwärts kommt, daß man ein Profi ist, wenn man schneller als die anderen fährt, und daß Motorisierung ein Zeichen für Erwachsensein ist. Die Fortbewegung auf Rädern wird auf diese Weise beliebt, zuerst muß ein Dreirad, dann ein Roller, ein Fahrrad, ein Mofa, ein Moped und schließlich ein Auto her, womit man dann den Status eines Erwachsenen erlangt hat. Die Auffassung, die sich bei Kindern über die Nützlichkeit und Notwendigkeit eines Kraftfahrzeugs bildete, findet später durch Nachrichten eine Rechtfertigung, wenn sie hören, daß der Pkw einen großen Beitrag zum Lebensstandard, zur wirtschaftlichen Stabilität und zur Erhaltung der freien Marktwirtschaft liefert. Und hoher Lebensstandard, wirtschaftliche Stabilität und freie Marktwirtschaft sind erforderlich, damit man sich sein eigenes Auto leisten kann.

Pädagogische Untersuchungen zeigten[71], daß Kinder vor allem das Verhalten derjenigen Personen nachahmen, die sie als erfolgreich und mächtig ansehen. Aggressives Verhalten fasziniert sie darüber hinaus, nicht umsonst sind Western und Krimis so beliebt. Im Straßenverkehr ist der stärkere und häufig aggressivere Verkehrsteilnehmer der Autofahrer. Das Kind stellt fest, daß dieser in den meisten Fällen Erfolg hat, denn er kommt schneller als die anderen vorwärts, man macht ihm Platz und läßt ihn vorbei. Das Kind wünscht sich, auch die mächtigere Stellung einzunehmen, und strebt daher ebenfalls ein Auto an.

Die Begeisterung für schnelle Fahrzeuge und möglichst hohe Leistung, die sich unter anderem bei den Kartenquartetts äußert, ist ebenfalls vom Standpunkt der Pädagogik her verständlich. So schreibt Oerter[72]: »Die Entdeckung der Vielfalt und das Erahnen der gewaltigen Raum-Zeit-Dimension der Welt etwa zwischen 5 und 10 Jahren lenken die Neugier auf das Sensationelle. Man kann bei Kindern dieses Alters eine Vorliebe für große Zahlen finden, sei es für Geldbeträge, für Geschwindigkeiten oder riesige Entfernungen.«

Das wachsende Interesse an hohen Werten wird durch den ständigen Kontakt mit Kraftwagen vor allem auf die Eigenschaften motorisierter Fahrzeuge gelenkt, was in einer Zeit der Weltrekorde durch Sportnachrichten, insbesondere durch den Motorsport, noch zusätzlich verstärkt wird.

Alles zusammen macht deutlich, daß einige natürliche Eigenschaften wie das Streben, zu den Stärkeren zu gehören, und die altersbedingte Vorliebe für große Zahlen den Wunsch nach einem Auto unterstützen, daß aber der Hauptgrund in den Umwelteinflüssen zu sehen ist. Es wäre genauso denkbar, die Eigenarten der 5- bis 10jährigen in eine andere Richtung zu lenken, wie zum Beispiel auf die Vielfalt der Natur. In einer Welt ohne motorisierten Verkehr erführen Kinder nicht die mächtigere Position des Autofahrers und suchten sich so andere »Ideale«. Die ältere Generation, die noch fast ohne Kraftfahrzeug aufgewachsen ist, lehnt den Personenwagen auch bedeutend stärker ab als die Kinder, die nur das Leben mit dem Pkw kennen. Leute im mittleren Alter sehen dagegen den Personenwagen als Symbol ihrer Leistungen beim Wiederaufbau nach dem zweiten Weltkrieg an und sind daher von seiner Nützlichkeit überzeugt.

Schon seit etwa 10 Jahren dienen Mofas denjenigen Jugendlichen, die von der motorisierten Gesellschaft erfolgreich geprägt wurden oder ihre Abneigung gegen körperliche Anstrengung entdeckt haben, als Fahrradersatz. Das Mofa steigert den zukünftigen Absatz von Personenwagen, indem es einen wichtigen (wenn auch unbeabsichtigten) Beitrag zur »Erziehung« der Jugendlichen liefert. Gerade die 15jährigen befinden sich in einem Entwicklungsstatium, in dem Meinungen und Auffassungen heranreifen. Aus der Pädagogik weiß man, daß eine weitere wichtige Altersstufe für die Persönlichkeitsentwicklung das dritte/vierte Lebensjahr ist. Und schon schlägt die Industrie erneut zu: mit motorisierten Fahrzeugen für Drei- bis Vierjährige. Weihnachten 1979 boten einige Kaufhäuser motorisierte Dreiräder für unsere Kleinen an, ein »Polizei-Motorrad mit Elektroantrieb, TÜV-geprüft, für Kinder ab 3 Jahre, komplett mit Ladegerät und Batterie 149,—« (Werbeblatt des Plaza SB-Warenhauses), ein »Elektro-Dreirad 'Honda', TÜV-geprüft, mit aufladbarer NC-Trockenbatterie, 6V/8A. Doppelrohrlenker und Schutzbügel verchromt. Frontbeleuchtung, Hupe, Rückenbügel, breite Kunststoffreifen, Motorbremse und 220 V-Ladegerät 229,—« (Kaufhof-Prospekt) und ein »Elektro-Zweirad 'Honda', TÜV-geprüft, mit 2 NC-Trockenbatterien, 6V, 8A, 2 Geschwindigkeiten. Doppelrohrlenker und Schutzbügel verchromt. Scheibenbremse hinten. Rückenbügel, Frontbeleuchtung, Hupe, breite Kunststoffreifen. Komplett mit Stützrädern und 220 V-Ladegerät 299,—« (Kaufhof-Prospekt) für die etwas älteren. Scheiben- oder Motorbremse sind bei diesen Fahrzeugen erforderlich, damit die kleinen Fahrer das Fahrzeug nicht aus eigener Kraft zum Stillstand bringen müssen. Die Kraft des Motors ist größer als die des Fahrers; während ein Erwachsener eine Leistung von durchschnittlich 70 Watt und ein Dreijähriger von weniger als 15 Watt hat, beträgt die des Dreirads 48 Watt. Damit bilden diese Fahrzeuge einen guten Einstieg ins motorisierte Leben: Dreijährige lernen, mehr als das dreifache ihrer eigenen Kraft zu steuern, Mofafahrer haben schon das 20fache ihrer Durchschnittsleistung zu beherrschen und Pkw-Fahrer schließlich das 1000fache. Diese neuen Fahrzeuge bieten den Eltern also die beste Gelegenheit, ihre Sprößlinge gut auf das zukünftige Autofahrerleben vorzubereiten.

Neben allen unbewußten Beeinflussungen für das Auto, denen Kinder in unserer Gesellschaft ständig ausgesetzt sind, werden sie noch absichtlich manipuliert: Durch Spielzeugreklame, Jugendzeitschriften und Verkehrserziehung.

a) Spielzeugreklame. Die Spielzeugwerbung dient dem Absatz der einzelnen Spielzeugarten, für die geworben wird. Sie soll weder die Kinder zu einem bestimmten Verhalten erziehen noch eine bestimmte Einstellung zum Verkehr fördern, sondern nur das Bedürfnis nach den Waren schaffen.

10jährige sind für Reklame besonders empfänglich. Nicht jedes Lernen geschieht bewußt, sondern man nimmt einen großen Teil nebenbei auf. Bei den Zehnjährigen ist diese unbeabsichtigte Aufnahmefähigkeit am größten. Dies erklärt sich daher, daß Kinder mit der Zeit immer kompliziertere Sachverhalte verstehen können und so von mehr und mehr Reklame angesprochen werden. Etwa vom 10. Lebensjahr an unterscheidet man besser zwischen wichtiger und unwichtiger Information, so daß die unbeabsichtigte Aufnahmefähigkeit wieder abnimmt. Diese Eigenschaft der 5- bis 10jährigen wirkt sich besonders dann aus, wenn das Kind nicht bewußt vor dem Fernsehgerät sitzt und sich die Reklame ansieht, sondern sie beiläufig beim Spielen mitbekommt.

Werbung wirkt am besten, wenn sie in der Gedankenwelt der Umworbenen spricht und die bestehenden Urteile und Vorurteile festigt. Sie erfüllt besonders bei Kindern ihren Zweck, weil ihnen die Absichten der Reklame noch nicht bewußt sind und ihr Drang nach Aufnahme in die Gesellschaft, Kontakt und Anerkennung sie zu willigen Schülern, speziell der Fernsehwerbung, macht. Besonders gefährlich sind Wendungen wie »brave Kinder kennen schon ...« oder »Profis spielen mit ...«. Durch kurze Comics zwischen den einzelnen Spots — wie im ZDF die Mainzelmännchen — gewährleistet man, daß auch viele Kinder die Werbesendungen verfolgen. Etwa einen Monat vor Weihnachten häuft sich Spielzeugreklame, die direkt durch Aufmachung und Text Kinder und Jugendliche anspricht. Das Ziel besteht darin, auf den Wunschzettel Einfluß zu nehmen und dafür zu sorgen, daß die Kinder sich nicht eine Eisenbahn, sondern eine Märklin-Eisenbahn, keine Autorennbahn, sondern eine Carrera-Bahn, keine Puppe, sondern eine »Baby Come Back« (natürlich von Mattel) wünschen. Und schließlich dürfen die Eltern nicht in ein Spielzeuggeschäft gehen — sondern nur in ein vedes-Fachgeschäft.

Neben diesen Zielen erreicht die Werbung noch eine weitere Wirkung: Indem sie Spielsituationen in einer scheinbar wirklichkeitsbezogenen Form darstellt, beeinflußt sie das Spiel der Kinder sowie ihre Auffassung von der Wirklichkeit. Vor noch nicht allzu langer Zeit wandten sich Eltern und Verbände gegen Herstellung und Verkauf von Kriegsspielzeug. Wegen der großen Beeinflussungsmöglichkeit der Fernsehreklame für eine bestimmte Grundeinstellung verbot man, hierfür im Rundfunk zu werben. Bedenklicher erscheinen mir jedoch einige Strömungen in der Werbung für Spielzeugautos; während zur Zeit die Kinder in einer Atmosphäre aufwachsen, in der der Krieg als nicht erstrebenswert angesehen wird und so die Beeinflussung durch Reklame eine starke Gegenströmung von seiten der übrigen Erziehung erfährt, ist dies bei Spielzeugautos nicht der Fall. Hier blasen Reklame, Erziehung und Umwelt in das gleiche Horn, wenn es auch die Werbung etwas lauter tut. Ich möchte mich hiermit nicht gegen Spielzeugautos allgemein wenden, denn Kinder haben das Bedürfnis, mit Gegenständen zu spielen, denen sie im täglichen Leben begegnen. Genauso kann Kriegsspielzeug dazu dienen, Nachrichten und Erzählungen über den Krieg besser zu verarbeiten. Als bedenklich empfinde ich einige Auswüchse der Reklame, die mir besonders in den letzten Jahren für Autorennbahnen aufgefallen sind. Hier werden die gleichen Ausdrücke, Formulierungen und Vorspiegelungen benutzt, wie sie auch in der Autowerbung üblich sind. Wenn im Werbefernsehen der Slogan »viel Auto- und Rennspaß« für eine Spielzeugrennbahn benutzt wird, drängt sich der Vergleich zum »Spaß- und Freizeitauto« der Erwachsenen auf. Der Text »Zündung ein, Motor an, erster Gang, zweiter Gang, dritter Gang«, der für ein Spielzeugmotorrad wirbt, ist von Motorengeräuschen unterlegt und versetzt die Kinder in die Welt der Erwachsenen direkt auf ein Motorrad, auf dem sie ungebunden und frei einherjagen. Es ist von »Autos, kurvensicher und superschnell« die Rede, bei denen man »schalten« kann und die »realistisches Überholen mit Spurwechsel« bieten. Dieses Rennwagensystem »testet deine Rennfahrerqualitäten, Runde für Runde«. Wer fühlt sich da nicht auf den Nürburgring versetzt?

Während bei der Fernsehreklame ein großer Teil der Wirkung in den bewegten Bildern und den Untergrundgeräuschen liegt, was hier leider nicht wiedergegeben werden kann, sind die Kataloge der einzelnen Spielzeugfirmen zum großen Teil auf die sprachliche Form angewiesen. Daher überbieten ihre Texte noch die Fernsehwerbung.

Der Prospekt von Märklin Sprint, 1978, beginnt mit dem Satz: »Der Geheimtip unter den Rennprofis« — Ein Geheimtip muß schon etwas Besonderes sein, also aufgepaßt! fordert dieser Anfang. Da der Tip nach dieser Aussage nur unter Rennprofis bekannt ist und man ihn selber erfährt, gehört man also auch zu diesem erlesenen Kreis. Sobald man sich dieses Heft durchliest, ist man damit automatisch ein Rennprofi. »Sicher starten, spurten, überholen«, der Fahrunterricht für den Profi hat also schon begonnen. Aber was hat man davon, ein Rennprofi zu sein, wenn der Wagen fehlt?! Information über das nötige Fahrzeug wird sofort geliefert: »Zum Beispiel die lenkbaren Vorderachsen: sie geben den Märklin-Rennwagen die bestechende Kurvenlage«. »Märklin-Motoren sind sportlich ausgelegt — robust, drehzahlfreudig, mit ausgewogener Schwerpunktlage ...«, man ist also schon bei der typischen Autowerbung, »... bremsen scharft und beschleunigen rasant ...«, sogenanntes sportliches Fahren wird hier angesprochen, »... unübertroffen schnell ...«, »... das bleibt dem jeweiligen Können des Fahrers überlassen«.

Starten, spurten, überholen, bestechende Kurvenlage, Können, sportlich, robust, drehzahlfreudig, rasant, unübertroffen schnell — all das erinnert stark an Werbung für Personenwagen. Wenn hierdurch wohl auch nicht unbedingt dieselben Assoziationen wie bei den Erwachsenen hervorgerufen werden sollen wie Männlichkeit, Potenz und Sportlichkeit, so wird eine Illusion gewiß erzeugt: erwachsen und ein schneller und damit guter Autofahrer zu sein.

Faller wirbt für a·m·s racing im Werbeprospekt '78/79 mit folgenden Slogans:

»Viel Auto und viel Rennspaß auf wenig Platz — das ist a·m·s racing«, »Spannung, Tempo, Rennatmosphäre«, »rasant hohes Tempo«, »mit kraftvollen Motoren für enorme Beschleunigung«.

Auf einer Seite des Hefts sind bekannte Rennfahrer abgebildet. Nicht mehr Kinder, sondern Jugendliche werden nun angesprochen. Dazu der Text:

»Sie sind zu Hause auf den Rennstrecken der Welt. Piloten der Formel I.

Und die Rennstrecken der Welt sind bei Ihnen zu Hause. Ovale, Achten und Kurven, die a·m·s-Rennstrecken. Pisten von 3—7 Metern. Bis zu vier Spuren.

a·m·s racing — das ernsthafte Modellrennen mit den Spitzenwagen von AURORA AFX — für echte Profis.

Konstruieren Sie Ihr eigenes Le Mans, Ihren eigenen Nürburgring ...«

»Könner von morgen fahren schon heute die rasanten AFX-Rennwagen mit der Super-Technik. Denn mit Köpfchen und Gefühl fahren, im richtigen Moment wieder beschleunigen, das macht den wirklich guten Fahrer aus.«

Welcher autoliebende Jugendliche möchte nicht ein wirklich guter Fahrer und ein Könner von morgen sein? Selbst Jugendliche, die sich für zu erwachsen halten, um mit einer Autorennbahn zu spielen, brauchen bei a·m·s racing keine Hemmungen zu haben, denn es handelt sich um ein »ernsthaftes Modellrennen«.

b) Zeitschriften und Comics. Einen weiteren Beitrag zur Erziehung zum Autofahrer liefern einige Zeitschriften und Comics, die sich speziell an Kinder und Jugendliche wenden. Ein auffälliges Beispiel ist das ZACK-Magazin (Grundlage: Heft vom 11. Januar 1979), das vorwiegend 10- bis 16jährige anspricht. Das Heft beginnt mit einer Fortsetzungsbildergeschichte mit dem Titel »Julie Wood«. Julie Wood ist eine Motorradfahrerin, die beim Motocross in Daytona Beach mitfährt. Motorräder und Fahrer werden hierin folgendermaßen beschrieben: »Sie (die Motorräder) stehen im rechten Winkel zum Bürgersteig, wie bei einer Ausstellung. Die Farben leuchten, und die Sonne spiegelt sich im blitzenden Chrom — eine Augenweide für jeden, der Sinn hat für schön verpackte Technik.« Die Fahrer, genannt »Piloten«, tragen verwaschene Jeans, Lederarmbänder und Weltkriegs-Embleme, »Eine wahrhaft verwegene Schar«, heißt es voller Anerkennung. Die Achtung vor ihnen wächst noch durch den folgenden Satz: »Und dennoch — die meisten Piloten benehmen sich durchaus gesittet ...« eigentlich eine Selbstverständlichkeit, oder etwa nicht?

In einem Bildbericht derselben Ausgabe werden die »Cowboys der Landstraße«, die amerikanischen Fernfahrer oder »Trucker«, verherrlicht:

»Der gute alte Cowboy aus dem Wilden Westen hat einen Nachfolger gefunden: den 'Trucker'. Die härtesten unter diesen tollkühnen Männern legen in ihren PS-Monstern im Jahr bis zu 400 000 Kilometer zurück — eine Strecke wie zehnmal um die Erde.«

Cowboys und Indianer sind ein beliebtes Thema bei Kindern und Jugendlichen, auch wenn sie nicht mehr unbedingt Thema Nummer 1 wie früher darstellen. Daher ist zu erwarten, daß sich viele Leser angesprochen fühlen. Die Achtung, die man vor den Cowboys empfindet, geht nun auf die Trucker über: man identifiziert sich mit ihnen und fühlt sich ihnen durch Sympathie verbunden. Hochachtung für die »härtesten« der »tollkühnen Männer« entsteht, wenn man von der Mammutstrecke 400 000 Kilometer liest. Sicher stellen die jugendlichen Leser nun fest, was für eine niedrige Zahl im Vergleich hierzu das Auto der Eltern auf dem Tachometer aufweist — trotz soundsoviel Jahre Fahrt. Der Vergleich »wie zehnmal um die Erde« läßt die Brust vor Stolz anschwellen.

»Unter seinen Füßen röhren 350 Dieselpferdestärken« — man beachte, das Heft richtet sich an Kinder und Jugendliche. Doch wer auf dem besten Weg ist, ein Autofahrer zu werden, sollte rechtzeitig die »Fachsprache« lernen. Verherrlichte Kraftprotzerei spricht aus dem Folgenden:

»... Er fährt auf, so dicht, daß die Stoßstangen einander fast berühren. Und dann schlägt er mit der Faust auf die Hupe. Doch was da ertönt, ist kein normales Hupsignal — kein 'Mach-Platz-da'. Nein, das ist ein Donnerschlag, eine Explosion, das ist, als würden tausend Trompeten dir voll ins Ohr schmettern. Und das Autochen da vorne macht in derselben Sekunde einen schnellen Satz nach rechts, 'Siehst du?', meint Bill und grinst wieder.«

Hier wird ein Grundübel im Straßenverkehr als etwas Richtiges, als eine ehrfurchterweckende und rühmliche Handlung hingestellt: das »eingebaute« Vorfahrtsrecht stärkerer Verkehrsteilnehmer vor den schwächeren. Wenn solche Geschichten erst ins Bewußtsein der Heranwachsenden gedrungen sind, werden sie später im Verkehr ebenso reagieren. Lautes Schellen oder Reifenquietschen eines Fahrrads gegenüber Fußgängern, laute Motoren und riskantes Fahren mit dem Mofa auf Kosten von Radfahrern und Fußgängern, hohe demonstrative Beschleunigung von Pkw- oder Motorradfahrern an Mofas und Radfahrern vorbei usw. Die Hackordnung im Verkehr richtet sich nach den Pferdestärken, über die man gebietet.

Im folgenden Text wird überhöhte Geschwindigkeit von über 50 Prozent als Kavaliersdelikt und wirtschaftliche Notwendigkeit abgetan: »Tom fährt 140 Kilometer in der Stunde: alles, was der Motor ... hergibt. Nur 90 Stundenkilometer sind erlaubt ... 'Aber wenn du deine Dollar machen willst, mußt du das Gesetz brechen.'«

Ob nicht durch solche Texte die Gefahr besteht, daß Jugendliche überhöhte Geschwindigkeit als etwas Männliches und nicht als Gefahrenquelle ansehen? Wenn dann auch noch die Eltern zu schnell fahren, was man vom Rücksitz eines Personenwagens gut sehen kann, wird es für die Heranwachsenden selbstverständlich, Geschwindigkeitsbegrenzungen nicht einzuhalten.

Aber hierbei bleibt es nicht nur; der Bericht fährt fort: »Übergewicht hat sein Truck auch. Auf Schleichwegen umfährt er deshalb jene Wiegestationen, die an den Grenzen zwischen den US-Staaten für alle Trucks zu passieren sind.«

Wenn auch die jugendlichen Leser die Risiken überhöhter Geschwindigkeit einsehen, so kennen sie sicher nicht die Gefahren und Nachteile überladener Fahrzeuge, die selbst den meisten Autofahrern unbekannt sind. Verändertes Fahrverhalten des Wagens, schlechtere Manövrierfähigkeit, längerer Bremsweg, der Hang, daß sich bei scharfem Bremsen der Wagen dreht und die Schäden für die Allgemeinheit durch übermäßige Straßendeckenabnutzung — an all das wird nicht gedacht. Gewichts- und Geschwindigkeitsbegrenzungen werden nur als überflüssige Schikanen der Polizei hingestellt:

»Als vor sechs Jahren in Amerika die CB-Funkgeräte ... auf den Markt kamen, griffen auch die Trucker sofort zu. Mit diesen Geräten warnt man sich gegenseitig vor 'Smokeys' (Polizisten) ...«

Auch bei uns sind Warnungen vor »Radarfallen« üblich. Man sieht im Autofahrer, der wegen überhöhter Geschwindigkeit angehalten wird, nicht eine Gefahr, sondern einen Leidensgenossen, mit dem einen kameradschaftliche Gefühle im Kampf gegen die hinterlistigen Methoden der Polizei verbinden. So konnte man, nachdem sich die hessische Verkehrswacht gegen die Radarwarnungen gewandt hatte, in einer Autozeitschrift[95] lesen: »Das sitzt: ein Schlag mitten ins Gesicht all derer, die es bisher für kameradschaftlich oder auch nur für korrekt hielten, auf die lauernde Elektronik aufmerksam zu machen.«

Riskante Verhaltensweisen werden im Bildbericht über die Trucker als großartige Leistungen dargestellt: »So stoppt er nicht unbedingt, wenn er sich mit Cliff, seinem Beifahrer, ablösen will. Tom rutscht dann einfach nach rechts auf den Beifahrersitz, steuert mit der linken Hand, hält seinen Fuß auf dem Gaspedal, und von hinten, aus der Schlafkoje, zwängt sich Cliff in die Fahrerposition und übernimmt. Der fliegende Wechsel klappt selbst bei Tempo 100.«

Es folgen noch weitere Punkte, die ausführlicher zu kritisieren wären: Fahren trotz Übermüdung, eine häufige Unfallursache bei langen Fahrten, erscheint als etwas Natürliches, Kolonnenfahren, um bei Übermüdung trotzdem noch weiterzukommen, wird als gescheites Verhalten hingestellt.

Die Verherrlichung des Truckers wird durch die einstige Verherrlichung der Cowboys gerechtfertigt. Der Text zu einem Foto, das zwei Trucks und zwei reitende Cowboys zeigt, besagt das deutlich: »Cowboys von einst und heute. Die PS änderten sich, der Geist nicht.«

Das Motorrad-Jugendmagazin »easy rider« wendet sich vorwiegend an die über 15jährigen. Auch im vorliegenden Heft (1/2, 1979) erschien ein »Bericht« über Trucker, offenbar ein zur Zeit aus den USA importiertes Modethema. Inhaltlich unterscheidet er sich kaum von dem des Zack-Magazins — ist allerdings auf etwas ältere Leser zugeschnitten. Es wird entsprechend von »Bleifuß« und »Vollgas-Trip« gesprochen. Sätze wie »je schneller sich die Räder drehen, desto schneller rollen die Dollars« und »Paß auf den verdammten Bullen auf« kennzeichnen das Niveau des Artikels. Auch ein Abenteuer der Trucker mit einem langsam fahrenden Wagen ist dabei: »Und der verträumte Sonntagsfahrer vor der chromfunkelnden Schnauze unseres 450 PS starken 'Peterbilt'-Fernlasters hält sich stur an die Geschwindigkeitsbeschränkung: Mit lächerlichen 35 Meilen in der Stunde kutschiert er seinen schneeweißen Cadillac durch die Gegend.«

Wer also Geschwindigkeitsbeschränkungen einhält, ist verträumt und ein Sonntagsfahrer. Aber es geht noch weiter: Die Überholspur ist wegen Bauarbeiten gesperrt. Trotzdem wird der »Sonntagsfahrer« überholt. Ein Blick in den Rückspiegel zeigt Joe, dem 22jährigen »Truckdriver-Profi« zu seinem Vergnügen den Erfolg: »Auf gut 500 Metern Länge haben die breiten Reifen unseres 'Eighteenwheelers' tiefe Furchen im frischen Teer hinterlassen. Die roten Plastikhütchen der Fahrbahnabsperrung liegen über die gesamte Straßenbreite verstreut.«

Beim Lesen dieses Artikels gewinnt man den Eindruck, daß einige Cent eigenen Gewinns bei Sachbeschädigung von Tausenden von Dollars redlich verdientes Geld, das Brechen von Straßenverkehrsgesetzen Heldentum und gemeinsam gegen die »Bullen« vorgehen Kameradschaft ist. Stolz nennt man den Kraftstoffverbrauch: 800 Liter Diesel pro Tag. Ein Zeichen, daß man ein Mann ist.

In einem weiteren Artikel der Zeitschrift »easy rider«, der vom Stil her salopp belehrend wirkt, werden die Jugendlichen zum Geländefahren mit Mofas und Mokicks direkt angehalten: Der Drittplazierte in der 250 ccm-Motocross-Weltmeisterschaft 1978 testete im Gelände ein Mokick. Überschrift: »Das Mokick zum Fliegen«. Es wird festgestellt, daß man am besten Motorradfahren dort erlernt, »wo es nicht nur am meisten Spaß macht, sondern wo es auch am sinnvollsten ist — nämlich im Gelände«. Wenn einige der Leser noch Bedenken haben sollten, bei Fahrten im Wald Fußgänger zu stören oder Tiere aufzuscheuchen, so werden sie ihnen im folgenden Text sogleich genommen: Man muß nur das richtige Mokick haben. »Selbst rückständige Förster und spießige Spaziergänger können gegen die neuen umweltfreundlichen Mini-Mororräder nichts einwenden. Denn ...

Leise fährt am längsten.«

Ich persönlich kann mir jedoch nicht vorstellen, daß der Wald dadurch ruhiger und die Luft besser wird. Entweder fahren die Jugendlichen auf den Wegen und drängen so Spaziergänger und Wanderer an den Rand, oder die Fahrt geht querfeldein, und Tiere werden aufgescheucht oder getötet. Der folgende Text ist direkt darauf zugeschnitten, die Jugendlichen zum Fahren im Wald oder im freien Gelände zu bewegen:

»Mensch, ich hätte nicht gedacht, daß die Dinger so viel Spaß machen«. »Die Stärken beider Gelände-Maschinen liegen eher im gemächlichen 'Waldspaziergang' und nicht im sportlichen Einsatz. Bei niedrigen Geschwindigkeiten kann sich selbst der blutigste Anfänger auf diesen Minis das Einmaleins des Motorradfahrens aneignen. Und zwar dort, wo es ungefährlich ist — im Gelände.«

Es ist zwar unbestreitbar, daß jugendliche Mokickfahrer bei Fahrten im Wald und im Gelände am wenigsten gefährdet sind, aber schätzungsweise spricht aus den Sätzen ein anderes Motiv: Auto- und Motorradfahrer lieben es nicht, auf den Straßen durch diese Fahrzeuge behindert zu werden. Also schickt man sie mit guten Argumenten ins Gelände. Sogenannte »Umweltfreundlichkeit« dient dann als Rechtfertigung, Spaziergänger, die etwas dagegen haben, als spießig — pardon, superspießig, denn spießige lassen es sogar zu — anzusehen.

Darüber hinaus fördert der Artikel nicht gerade die Rechenfähigkeit: »Bei einem durchschnittlichen Verbrauch von zwei bis zweieinhalb Litern Normalbenzin reichen 20 Mark Taschengeld für runde eintausend Kilometer.« Es wird hier also nur der reine Benzinpreis gerechnet, das Mokick selber, Versicherung und Reparaturen sind scheinbar kostenlos.

Aus der Zeitschrift »Gute Fahrt«, Augustheft 1978, stammt aus dem Abschnitt »für Fahrer von morgen« folgender Text über Motorräder:

»Als Käufer der Allroundräder kommen vornehmlich ruhige und ausgeglichene Fahrernaturen in Frage, die sich ihr Motorrad möglichst weit ab des normalen Verkehrsgetümmels auf wenig frequentierten Sträßchen zwischen Wiesen und Feldern auf der Zunge zergehen lassen. Dabei bedarf es nicht unbedingt befestigter Wege. Ausritte in unwegsames Gelände (soweit in der Bundesrepublik überhaupt erlaubt) sorgen für willkommene Abwechslung.« Auch hier taucht wieder der Ratschlag zum Geländefahren auf, allerdings mit der Einschränkung, dort, wo es erlaubt ist. Aber auch das Fahren auf »wenig frequentierten Sträßchen zwischen Wiesen und Feldern« hat seine zwei Seiten. Spielenden Kindern, Fußgängern und Radfahrern bleiben zur Zeit nur Anliegerstraßen und Feldwege, um sich einigermaßen sicher und ungestört zu bewegen. Diese sollen ihnen nun von Hobby-Motorradfahrern streitig gemacht werden, damit die Autofahrer auf den Durchgangsstraßen freie Fahrt haben — denn dies wird ein entscheidendes Motiv der von Autofahrern erstellten Artikel sein, nicht die Gefährdung.

Ein Vergleich dieses Textes mit den vorher besprochenen Jugendzeitschriften zeigt deutlich den Unterschied. Während die Manipulation der Jugendlichen in dieser Zeitung noch sehr gemäßigt ist (Eltern lesen diese Artikel auch), ist dies bei den reinen Jugendzeitschriften über dieses Thema nicht der Fall. Das Magazin »easy rider« wird in saloppem Stil von jungen Autoren für Jugendliche geschrieben, während man in der Zeitschrift »Gute Fahrt« erkennt, daß die Artikel von der Elterngeneration stammen. Aus der Pädagogik ist bekannt[71], daß Jugendliche bedeutend eher geneigt sind, Ratschläge von annähernd Gleichaltrigen anzunehmen als von der Generation der Eltern. Daher besitzen Magazine wie »easy rider« einen bedeutend größeren Einfluß auf die Heranwachsenden als Autozeitschriften und prägen auf diese Weise in bedenklicher Form den zukünftigen Autofahrer.

Ich möchte nicht weiter auf Jugendzeitschriften eingehen, bei denen die Beeinflussung offensichtlich ist, sondern mich nun der Verkehrserziehung zuwenden, von der man eigentlich eine neutrale, sachliche Haltung erwarten sollte, besonders dann, wenn sie in Schulen stattfindet.

c) Verkehrserziehung. Während Kritik an Reklame, die speziell Kinder und Jugendliche anspricht, und an gewissen Jugendzeitschriften immer wieder geäußert wird, sind mir über schulische und außerschulische Verkehrserziehung keine ablehnenden Schriften bekannt — außer, daß man auf sie zu selten und zu oberflächlich eingeht. Verkehrsunterricht ist zur Zeit ein Gebiet, das die meisten begrüßen und die wenigsten betreiben. Es erscheinen viele didaktische Bücher und Hefte, wie man Kinder zum richtigen Verhalten im Verkehr anleiten und dieses Thema in den Kanon der Schulfächer eingliedern kann. In den letzten Jahren nimmt die Zahl der Fernsehserien zu, durch die die Kinder zu vorbildlichen Verkehrsteilnehmern erzogen werden sollen. Allgemein anerkanntes Ziel ist es, sie dahingehend zu beeinflussen, daß sie die Verkehrsregeln beachten, aus Sicherheitsgründen Umwege in Kauf nehmen, als Fußgänger und Radfahrer Rücksicht auf Autofahrer nehmen, damit der Verkehr nicht stockt, und sich schließlich zu Verkehrsteilnehmern entwickeln, die man vorbildliche Autofahrer nennt und die Fahrschulen und Polizei bei den älteren Generationen noch nicht erreichen konnten. Die Verkehrserziehung in Frage zu stellen, ist verpönt: Ein Hinweis auf die Statistik läßt den Häretiker erröten. Verkehrserziehung ist nach übereinstimmender Meinung aller Experten notwendig, wenn der Verkehr nicht noch mehr Kinderopfer fordern soll.

Trotzdem möchte ich mich hier gegen einige Arten der Verkehrserziehung wenden. Man sollte streng zwischen Zielen unterscheiden, die dem Selbstschutz der Kinder dienen, und solchen, die einen vorbildlichen Autofahrer von morgen erzeugen sollen.

Gegen »vorbildlich« habe ich zwar nichts einzuwenden, wohl aber gegen »Autofahrer«. Als bedenklich sehe ich Verkehrserziehung an, in der untergründig oder auch deutlich sichtbar die Erziehung zum Autofahrer und zur vollen Anerkennung des Pkws als Notwendigkeit für unseren Staat steckt. Wie die Unfallstatistiken der Vereinigten Staaten zeigen, kann sich diese Methode einiger Erfolge rühmen: wer von Jugend auf zum guten Autofahrer erzogen wird, wird meistens auch ein besserer Autofahrer. Als Nebenwirkung entwickelt jedoch der einzelne ein Bedürfnis nach einem Kraftfahrzeug. Der Wagen wird zu einem notwendigen Bestandteil der Lebenswelt, der weniger in Frage gestellt wird als die Existenz von Tieren. Ich möchte im folgenden einige Beispiele für Verkehrserziehung in der Bundesrepublik vorstellen, die stark von der Autoideologie unterlegt sind.

In Deutschland sind wir glücklicherweise (zum Leidwesen vieler Verkehrspsychologen) noch nicht so weit wie in den USA, wo der Führerschein zum Abitur hinzugehört, aber seit August 1978 gibt es an einigen Gymnasien in Nordrhein-Westfalen im Differenzierungsbereich der Klasse 9 das Fach »Mofafahren«. Der Kurs, der 20 Doppelstunden umfaßt, bringt in 10 Doppelstunden einen theoretischen und in 10 einen praktischen Mofafahrunterricht. Soweit mir bekannt ist, soll dieses Fach sehr beliebt sein — kein Wunder, weil man hierdurch zum Beispiel auf eine dritte Fremdsprache verzichten kann. In den Schulen werden schuleigene Mofas angeschafft — man kann ja nicht davon ausgehen, daß alle Kursteilnehmer eins besitzen. Als Begründung für diesen Unterricht muß »der sichere Schulweg« herhalten. Daß er nicht nur für die Kursteilnehmer, sondern auch für ihre Klassenkameraden und die jüngeren Schüler unsicher ist, interessiert anscheinend wenig. Der Wunsch, als fortschrittlich und aufgeschlossen zu gelten, wird wohl die Triebfeder zur Einführung dieses Faches gewesen sein. Ich glaube nicht, daß auf Grund dieses Kurses weniger Schüler verunglücken. Eher ist zu erwarten, daß hierdurch einige Mofas mehr ihre Käufer finden.

Selbst in seriösen Lehrbüchern zur Verkehrserziehung lassen sich Stellen finden, die den Individualverkehr als notwendig und gewollt hinstellen und das Bedürfnis hiernach in die Kinder und Jugendlichen projizieren. So beinhaltet das Lehrbuch »Partner auf der Straße«, Bd.3 (Klett und Rot-Gelb-Grün-Verlag, Braunschweig 1978) die folgenden Textstellen:

»Fahrzeuge bringen uns weiter!

In der Bundesrepublik Deutschland sind alle 60 Millionen Einwohner direkt oder indirekt *Nutznießer* unserer 20 Millionen Fahrzeuge.

Zugleich sind wir aber auch *Opfer* dieser Fahrzeuge geworden: Verkehrsteilnehmer bleiben in kilometerlangen Stauungen stecken. Lärm und Abgase belästigen uns und gefährden unsere Gesundheit. Die Städte ersticken fast an ihrer Verkehrsüberlastung, und Schnellstraßen zerschneiden die Landschaft. Jahr für Jahr zeigt die Statistik der Verkehrsunfälle, daß der Straßenverkehr für alle Menschen ein ständiges erhebliches Risiko darstellt.

Fahrzeuge bringen Gefährdung!

Aber: 20 Millionen Fahrzeuge kann man nicht abschaffen, weil wir sie brauchen und weil wir sie wollen. Doch in diesen Fahrzeugen fahren Millionen Menschen, die unverletzt und gesund und in einer menschenfreundlichen Umwelt leben wollen.«

Ein ganz vernünftiger Text, meinen Sie? Es werden nüchtern Vor- und Nachteile des Verkehrs dargestellt, wie es sich für ein Schulbuch gehört, das die Schüler zu kritischem Denken anregen soll. Trotzdem behaupte ich, daß hierin der Wurm steckt und gerade durch den nüchternen Anschein stark manipuliert wird. Bei Werbung und Jugendzeitschriften stutzen an den entsprechenden Stellen auch unvoreingenommene Leser, dagegen wird dieser Text der Verkehrserziehung bei vielen auf Zustimmung stoßen.

Im ersten Abschnitt wird ein pro und contra durch den Gegensatz Nutznießer—Opfer aufgestellt. Auf Unterschiede zwischen Nutzfahrzeuge und Personenkraftwagen wird nicht eingegangen. Die Überschrift »Fahrzeuge bringen uns weiter!« verschiebt jedoch das Gewicht zu »Nutznießer« hin. Die Überschrift des zweiten Teils »Fahrzeuge bringen Gefährdung« faßt die negativen Seiten in einem Satz zusammen. Das »Aber« führt jedoch sofort wieder zu einer positiven Einstellung: erst vorsichtig (man kann sie nicht abschaffen), dann heftig (weil wir sie brauchen und weil wir sie wollen). Durch das »wir« wird der Schüler einbezogen. Auch *er* braucht die Fahrzeuge, auch *er* will sie. Das »wir« erzeugt eine Solidarität zwischen allen Menschen des Staates, zwischen den Autofahrern und den Nicht-Autofahrern für das Auto. Natürlich sind die Verkehrsunfälle schlimm; aber das Allheilmittel steht bereit: Die Verkehrserziehung zum vernünftigen und angepaßten Verhalten im Verkehr.

Unter der scheinbar in diesen Texten enthaltenen Kritik am Verkehr verbirgt sich also eine von vornherein feststehende Bejahung. Schüler können dies noch nicht durchschauen, und daher ist die Manipulation besonders gefährlich.

Zum Abschluß möchte ich noch auf die Serie »Kinder im Verkehr« eingehen, deren erste Sendung am 9. Februar 1979 (Wiederholung vom 11. April 1976) ausgestrahlt wurde. Schon am Titellied (zweite und dritte Strophe) läßt sich erkennen, wie die Kinder verkehrsangepaßt werden sollen. Kommentare sind eingefügt, um auf die kritischen Stellen hinzuweisen:

> Wer einfach über die Straße rennt,
> der ist nicht gescheit.

Nur einer verkehrsnormierten Person wird also Vernunft zugesprochen.

> Der nächste Zebrastreifen
> ist doch gar nicht so weit.

Der Dichter des Titellieds scheint Zebrastreifen nur aus der Windschutzscheibenperspektive zu kennen. Mir sind kaum Orte bekannt, wo diese Behauptung zutrifft.

> Das ist viel gesünder

Von »gesund« kann man wohl kaum sprechen, wenn man sich neben einer Straße befindet! Gerade Kinder müssen mehr Abgase als Erwachsene atmen, weil sie kleiner und damit näher an den Auspuffrohren sind.

> und kostet kaum Zeit:

Die Anzahl der Zebrastreifen ist niedriger, als es Autofahrer glauben: Befinden sie sich im Abstand von einem Kilometer, so schimpfen sie über ihre große Anzahl, weil sie fast jede Minute einmal ihretwegen auf die Bremse treten müssen; für Kinder dagegen bedeutet ein Kilometer einen Umweg bis zu 20 Minuten.

> drum denkt an die Streifen
> auch wenn ihr eilig seid.

> Ein paar Meter weiter,
> was macht das schon aus.

Das sollte man einmal einem Autofahrer sagen, dem man den Parkplatz vor der Haustür nehmen will!

> Ihr kommt doch noch immer
> früh genug nach Haus.

Dieser Satz besagt, daß die Tätigkeit von Kindern vollkommen unwichtig ist und daher Zeitverlust für sie keine Rolle spielt. Die 10 Sekunden, die ein Autofahrer verlieren könnte, wenn er ein Kind über die Straße ließe, wiegen mehr als eine Viertelstunde Umweg für das Kind.

Erst recht in die Schule,
der Lehrer wartet schon:

Das wohl nicht, aber was versäumt man denn schon groß!

drum macht ihr einen Umweg,
und rennt nicht einfach davon.

Insgesamt muß man zur Verkehrserziehung sagen, daß sie zwar in gewisser Hinsicht bei der momentanen Verkehrslage und den Gesetzen die Kinder ein wenig schützt, daß sie aber gleichzeitig durch die grundsätzlich positive Einstellung zum Verkehr die Verkehrssituation noch verschärft. Ihr »heimliches Lernziel«, wie es sich in Sendungen und Büchern zeigt, läßt sich folgendermaßen zusammenfassen: »Die Kinder sollen die heutige Verkehrssituation widerspruchslos hinnehmen, auf eigene Rechte zugunsten des Autofahrers verzichten und ihr Lebensziel darin sehen, später ein guter Autofahrer zu werden.«

Erziehung zum Autofahrer ist also in unserer Gesellschaft überall vorhanden, im täglichen Leben mit Freunden und Verwandten, in der Schule, im Fernsehen, durch Reklame, Jugendzeitschriften, Gleichaltrige und Spielzeuge — wenn auch in unterschiedlichen Stärken. Bevor Kinder in ein Alter kommen, in dem sie bestimmte gesellschaftliche Bedingungen von sich aus kritisch hinterfragen können, wurden sie schon mindestens fünfzehn Jahre lang systematisch zum zukünftigen Pkw-Besitzer erzogen. Wen wundert es da noch, daß selbst jugendliche Protestbewegungen, die die Lebensweisen des »Establishments« rigoros ablehnen, ungepflegtes Äußeres betont hervorkehren, sich gegen den »Konsumterror« wenden, trotzdem Auto und Motorrad fahren, wobei allerdings die Autos möglichst schäbig und die Motorräder möglichst laut sein müssen?

9. Die Liebe zum Auto

Auf die Frage, welchem Zweck der eigene Wagen diene, geben Autofahrer gewöhnlich eine der folgenden Begründungen: Der Pkw mache unabhängig von öffentlichen Verkehrsmitteln, Fahrplänen und Haltestellen, und man komme mit ihm schneller als mit der Straßenbahn voran. Häufig werden auch finanzielle Gründe angeführt, zum Beispiel die letzte Preiserhöhung der Stadtwerke, die teure Bundesbahnfahrt für eine mehrköpfige Familie und ähnliches. Es gibt sogar Fälle, in denen der Fahrer sein soziales Gewissen hervorkehrt und von der Bedeutung des Automobils für die konjunkturelle Lage spricht oder den Zusammenbruch des öffentlichen Nahverkehrs zu den Stoßzeiten in krassesten Farben schildert, falls sich alle Autofahrer einmal entschlössen, auf ihren Wagen zu verzichten. Bequemlichkeit und überfüllte Busse spielen in den Antworten ebenfalls eine entscheidende Rolle.

Viele dieser Begründungen halten jedoch einer genaueren Untersuchung nicht stand. Die hohen Preise der öffentlichen Verkehrsmittel erscheinen niedrig, wenn man neben dem reinen Benzinpreis für den Pkw-Betrieb auch Versicherung und Steuern, Reparaturen, Garage, Wertminderung oder Anschaffungspreis berücksichtigt. Diese Unkosten werden häufig vergessen, weil sie im Gegensatz zu Fahrkarten nicht regelmäßig bar zu zahlen sind. Die Anschaffung eines Wagens wird wie der Erwerb eines Grundstücks als Kapitalanlage gesehen, wobei man Gedanken an die begrenzte Lebensdauer dieses Produkts weit von sich weist. Versicherung und Garagenmiete werden regelmäßig vom Konto abgebucht, womit das Geld gar nicht erst bar erscheint. Daß es Unfälle gibt, vergißt man allzugern. Nüchtern betrachtet handelt es sich also nicht um eine wirkliche Einsparung, sondern nur um eine scheinbare.

Auch der zusammenbrechende Busverkehr ohne Pkw zu den Stoßzeiten braucht niemanden verzagen zu lassen, denn zu den übrigen Zeiten wüchse der öffentliche Verkehr annähernd ebensostark wie zu den Spitzen, wodurch nur die Busabfolge dichter, damit die Wartezeiten kürzer, die Straßenbahnen länger und neue Arbeitsplätze für Fahrer geschaffen würden. Ohne den starken Pkw-Verkehr am Morgen wäre es auch wieder möglich, zu Fuß oder mit dem Rad zur Arbeitsstelle zu gelangen, ohne sich für den Weg in Lebensgefahr zu begeben und mit nahezu gesundheitsschädigenden Kohlenmonoxidwerten im Blut und abgeschlafft vom nervenaufreibenden Lärm sein Tageswerk zu beginnen. Die medizinischen Probleme Bewegungsmangel und Übergewicht wäre damit gleichfalls für viele gelöst.

Was die konjunkturelle Lage betrifft, so muß man es eigentlich als einen bedenklichen Zustand ansehen, wenn das Wohl der gesamten Wirtschaft einer Nation von einem einzigen überdies noch sehr störanfälligen Industriezweig so stark abhängt. Aber auch Busse müssen regelmäßig erneuert und Fahrer eingestellt werden. Die »Legende von den gefährdeten Arbeitsplätzen«[86], die als Argument für den Kraftfahrzeug- und Straßenbau herhalten muß, zerbröckelt sehr schnell, wenn man bedenkt, daß gerade diese beiden Wirtschaftszweige immer mehr Arbeiter durch Maschinen ersetzen und auf die kleinsten Störungen Massenentlassungen folgen. Der prognostizierte Zusammenbruch der gesamten Wirtschaft träte sicher nicht so ein, wie es Autobefürworter gerne voraussagen.

Bequemlichkeitserwägungen mögen wirklich als ein stichhaltiges Argument angesehen werden. Wer zu den Stoßzeiten in Bussen fährt, wünscht sich sicher manchmal einen eigenen Wagen. Ob das Autofahren aber morgens viel angenehmer und erholsamer ist, mag fraglich erscheinen, denkt man an die Schaltorgien bei stockendem Verkehr bis hin zur ermüdenden Parkplatzsuche. Außerhalb der Stoßzeiten haben öffentliche Verkehrsmittel den Vorteil, daß man nicht die ganze Zeit den Verkehr beachten muß, sondern sich anderen Beschäftigungen wie dem Lesen widmen kann.

Einigen mißfällt es, mit fremden Leuten denselben Raum zu teilen. Auch dies muß häufig als Argument für den Pkw herhalten. Die Technik ermöglicht inzwischen jedoch Verkehrsmittel, in denen jeder in einem eigenen Abteil sitzt und ohne Aufenthalt seinem Ziel entgegenfährt, zum Beispiel die sogenannten Kabinentaxis. Trotzdem fehlt den meisten das Interesse an diesen Systemen, obwohl sie doch mehr den genannten Anforderungen der Autofahrer genügen als der Pkw. Warum sind solche Fahrzeuge, die im Endeffekt billiger, bequemer und bedeutend sicherer als der Pkw sind, weniger beliebt? Auch Autofahrer müßten sich ausrechnen können, daß der eigene Wagen ein sehr ineffektives Verkehrsmittel ist, das überdies nur 4 Prozent des Tages ausgenutzt wird, die restlichen 96 Prozent parkt und rostet[84].

Es müssen also noch weitere Gründe vorliegen, die das Auto so beliebt machen und mehr Gewicht besitzen, als es die Autofahrer zugeben.

Der Grund ist weniger in nüchternen Berechnungen zu suchen, als in der Psychologie. Die Beliebtheit des Autos hängt nicht von kühlen Überlegungen ab, sondern von den persönlichen Wünschen und Trieben des Menschen.

Aufschluß hierüber gibt die Studie »Macht und Ohnmacht auf der Autobahn«[73]. In dieser Untersuchung wurden Autofahrer nach ihren Gefühlen beim Fahren befragt. Durch geschickte Interviews versuchte man, die wahren Hintergründe für die Beliebtheit des Wagens herauszufinden.

Entscheidend für das Autofahren ist die Freude hieran, vor allem bei hoher Geschwindigkeit. Die Studie führt einige Sätze auf, die die Befragten hierzu äußerten: »Du fühlst dich als Pfeil — du hast das Gefühl, die Landschaft zu teilen« und »alles schießt an einem vorbei«. Daneben ist auch noch Nervenkitzel wichtig. Einige sprachen von »Prickeln«, »Verführerisches« und »Rauschhaftes«.

Eine Testperson unterschied zwischen dem »richtigen Autofahren« und der Fahrt mit der Familie. »Richtig« fährt man nur allein und schnell, und zwar vor allem auf der Autobahn. Die Lust hieran nimmt ab, wenn Beifahrer im Wagen sitzen. Man fühlt sich dann beobachtet und kontrolliert und schämt sich in gewisser Hinsicht zuzugeben, daß der Tritt aufs Gaspedal Spaß macht.

Schnell wird also nicht gefahren, um eher an einem Ort anzukommen; häufig sind sogar die Fahrten, bei denen alles aus dem Wagen herausgeholt wird, diejenigen, die kein Ziel haben. Durch den Tritt aufs Gaspedal gebietet man über eine Kraft, die einem gewöhnlich verwehrt ist. Je fester einen die Beschleunigung gegen die Rückenlehne des Sitzes preßt, desto mehr fühlt man sich in die Welt der Abenteuer versetzt. Vielleicht stellen sich einige vor, in einem Flugzeug zu sitzen und steil nach oben oder unten zu schießen, oder im Formel-I-Rennen die Kurven des Nürburgrings zu nehmen. Der Nervenkitzel bei der Fahrt, der sich aus der Lust an der Geschwindigkeit und der zeitweisen Angst vor den Gefahren beim Schnellfahren zusammensetzt, bietet einen Ausgleich für den eintönigen Alltag.

Wie die Untersuchung ferner zeigt, werden unangenehme Erlebnisse beim Fahren nicht auf das Auto selber bezogen, sondern der jeweiligen Verkehrslage zugeschrieben: Autofahren macht immer Spaß, nur Staus, Unfälle oder Geschwindigkeitsbeschränkungen sind störende Umstände, die wie ein Unwetter über einen hereinbrechen können. Nicht das Autofahren ruft Unbehagen hervor, sondern die Störungen beim an sich unbehinderten Fahren[73]. Zu Beginn jeder Fahrt hofft man erneut, ohne Staus, Unfälle und Einschränkungen vorwärts zu kommen — oder besser, man denkt nicht daran, sondern fährt froh drauflos und gerät ungewollt und ohne eigenes Zutun in den Stau.

Für einige Autofahrer sind Geschwindigkeit und Beschleunigung dazu da, sich und anderen ihre Fähigkeiten vorzuführen. Versagen im Beruf, in der Familie und im Bett werden durch den Tritt auf das Gaspedal ausgeglichen. Das Auto dient dann weniger als Fortbewegungsmittel denn als »Potenzprothese«. Ob ein 18jähriger Führerscheinneuling neben seiner Freundin oder ein Mann während der Zeit des »zweiten Frühlings«, sie alle beweisen durch starke Beschleunigung, quietschende Reifen in Kurven und hohe Geschwindigkeit ihre »Männlichkeit«.

Autofahren wird von vielen als etwas Besonders betrachtet. Ein Kraftfahrzeug steuern zu können ist eine Fähigkeit, die einen mit Stolz erfüllt[73]. Hat man schon im täglichen Leben keinen Erfolg und erfährt ständig, daß andere einen überflügeln, so bietet der Pkw einen festen Halt. Stolz erzählen Autofahrer von Mammutstrecken, die sie im Urlaub ohne Panne bewältigten, wie sie schwierige Situationen meistern und daß sich die anderen ein Beispiel an ihrem fahrerischen Können nehmen sollten. So führt Dollinger[74] eine Infratestuntersuchung an, nach der 37 Prozent der befragten Autofahrer überzeugt waren, niemals einen Fehler am Steuer zu machen, 98 Prozent sahen sich als gute Fahrer an, und 94 Prozent behaupteten, bei einem Unfall läge die Schuld nicht bei ihnen, sondern bei den anderen.

Aber wie in allen Fällen, in denen man sich für besonders gut hält, innerlich jedoch zutiefst unsicher ist, fühlen sich Autofahrer in ihrer Ehre leicht verletzt. Überholt und unterschätzt zu werden kränkt sie sehr. So sehen sie in einem anderen Fahrer auf der Autobahn, der aus großer Entfernung lichthupend herannaht, jemanden, der ihnen das Recht wegnimmt, selber zu überholen; sie sind über den Vordrängler empört. Einige meinen in solchen Situationen, unterschätzt zu werden, weil der Nahende anscheinend nicht wahrnimmt, daß auch sie gute Fahrer sind[73]. Noch verschärft wird die Situation, wenn der lichthupende Autofahrer während des Überholens dicht auffährt. Angst, der Macht des Hintermanns ausgeliefert zu sein, das Gefühl, hilflos und ohnmächtig in einer Falle zu stecken, Wut über den anderen und über das eigene Auto, das zu wenig hergibt, befällt einen nun. Kein Wunder, daß der Wunsch entsteht, in der Machthierarchie der Kraftfahrzeugbesitzer aufzusteigen. Nach der Untersuchung sind die meisten Autofahrer mit ihrem Wagen unzufrieden. Sie möchten einen größeren und schnelleren besitzen, der ihrem fahrerischen Können besser entspricht. Mit dem Wunschauto soll überdies die Lust am Fahren erhöht werden.

Gekränktes Ehrgefühl und Wut über den vordrängelnden Rivalen spricht deutlich aus einem Vorfall, von dem am 20.2.1980 die Rhein-Sieg-Rundschau berichtete:

»**Er wollte so gern überholen: Autofahrer wurde gewalttätig.**
dü Siegburg. Zu einer wüsten Schlägerei zwischen zwei Autofahrern kam es gestern nachmittag auf der Autobahn Köln-Frankfurt in der Nähe der Siegburger Autobahn-Raststätte.

Ein junger Mann hatte sich darüber geärgert, daß in dem Augenblick, als er zum Überholen ansetzte, ein anderer Autofahrer kurz vor ihm von der rechten Fahrspur nach links ausgeschert war, um ebenfalls ein anderes Fahrzeug zu überholen.

Als sich die Gelegenheit bot, zog er rechts an diesem Pkw vorbei, fuhr davor und zwang den Fahrer durch gewagte Bremsmanöver auf der linken Fahrspur zum Anhalten. Dann stieg der Jüngere aus und drosch wild auf den anderen ein.

Erst die Polizei, die von anderen Autofahrern benachrichtigt worden war, machte der Prügelei ein Ende...«

Vom Autofahrer wird das Kraftfahrzeug in erster Linie nicht als Fortbewegungsmittel angesehen, sondern als Erfüllung von Sehnsüchten und Erwartungen. Im eigenen Wagen fühlt man sich unabhängig, ist halbwegs Herr im eigenen Haus und hat auch in der Fremde ein Stück Heimat mit. Das Auto verspricht, den Wunsch nach dramatischen Erlebnissen, nach Abenteuern und Entdeckungen zu erfüllen, Genuß und Vergnügen zu bereiten. Diese Bedeutung des Wagens gibt der Autofahrer nicht gerne zu, weil es sich hierbei um persönliche Gefühle und Erlebnisse handelt, die man nur widerwillig anderen offenbart. Stattdessen zieht er es vor, rationale Begründungen für das Fahren anzuführen, die in vielen Fällen an den Haaren herbeigezogen sind.

Auch der schnellere Wagen bedarf einer Rechtfertigung. So unterstreichen viele Autofahrer den Zeitgewinn, den ein Fahrzeug ermöglicht, das statt 120 Kilometer in der Stunde 180 schafft und nur 10 Sekunden für die Beschleunigung von Null auf 100 km/h benötigt. Prüft man diese Behauptung jedoch einmal nach, indem zwei Wagen mit unterschiedlichen Spitzengeschwindigkeits- und Beschleunigungswerten eine bestimmte Strecke fahren, so zeigt sich nur ein verschwindend geringer Zeitgewinn. Die Fachhochschule Aalen, Baden-Württemberg, testete auf einer Strecke von 17,5 km über eine nahezu steigungslose Bundesstraße mit nur einer Ortsdurchfahrt mehrere Personenwagen vom Porsche 911 bis zum »häßlichen Entchen«. Die Zeit, die die »schnellen« Wagen im Vergleich zu den »langsamen« auf dieser Strecke einsparten, betrug im Mittel 48 Sekunden, wobei durchschnittlich für die gesamte Strecke 13 Minuten benötigt wurden[75]. Prozentual ausgedrückt gewannen die »Schnellen« also ganze 6 Prozent. Im Stadtverkehr, in dem man die meiste Zeit fährt, schrumpft der Wert auf fast 0 Prozent zusammen, auf Autobahnen liegt er darüber, wenn auch bei weitem niedriger, als die Daten der Fahrzeuge versprechen.

Weshalb gelangen Wagen mit so verschiedenen Leistungen gar nicht so unterschiedlich schnell ans Ziel? Der Grund besteht darin, daß weder Spitzengeschwindigkeit noch Beschleunigung etwas darüber aussagen, wie zügig man auf einer gewissen Strecke vorwärts kommt.

Spitzengeschwindigkeit besagt, welche Geschwindigkeit ein Fahrzeug höchstens von Bauart und Leistung her erreichen kann. Damit steht noch nicht fest, ob es die zurückzulegende Strecke überhaupt zuläßt, den Wagen voll auszulasten. Im Stadtverkehr mit der Begrenzung auf 50 km/h spielt es keine Rolle, ob der Wagen höchstens 60 oder 210 Kilometer in der Stunde zurücklegen kann, beide Fahrzeuge benötigen für die Strecke die gleiche Zeit. Selbst auf einer Autobahn ohne Geschwindigkeitsbeschränkungen kommt der Sportwagen auf die Dauer nicht mit seiner Spitzengeschwindigkeit vorwärts, weil er die Straße mit anderen teilen muß. Die Fahrt wechselt ständig zwischen scharfem Abbremsen und Gasgeben. Trotz riskanter Überholmanöver muß der Fahrer schließlich feststellen, daß er nur wenig Zeit gewonnen hat.

Spitzengeschwindigkeit sagt also wenig darüber aus, wie schnell man fährt. Einige werden sicher einwenden, man könne im Auto direkt ablesen, wie gut man vorwärts kommt, nämlich auf dem Tachometer, das die Momentangeschwindigkeit anzeigt. Sie besagt, wieviele Kilometer man in einer Stunde zurücklegte, führe man ständig mit dieser Geschwindigkeit. In Wirklichkeit ändert sie sich aber ständig, weil nur in den seltensten Fällen die Straße frei ist, und Kurven, Steigungen und Kreuzungen zügiges Fahren hemmen.

Zeit	Dauer	Strecke	Geschwindigkeit	
8^{00}	0,40 min	0,2 km	30 km/h	Wohnstraße
	1,60 min	0,0 km	0 km/h	Wartezeit
8^{02}	10,00 min	1,7 km	10 km/h	Stau auf Bundesstraße
8^{12}	5,00 min	1,7 km	20 km/h	Zähflüssigkeit auf Bundesstraße
8^{17}	1,00 min	0,0 km	0 km/h	Wartezeit
8^{18}	0,45 min	0,3 km	40 km/h	Autobahnauffahrt
8^{19}	10,00 min	21,7 km	130 km/h	Autobahnfahrt
8^{29}	10,00 min	5,0 km	30 km/h	Stau
8^{39}	2,00 min	6,0 km	180 km/h	Autobahnfahrt
8^{41}	20,00 min	40,0 km	120 km/h	Autobahnfahrt
9^{01}	10,00 min	13,3 km	80 km/h	Baustellen
9^{11}	0,36 min	0,3 km	50 km/h	Autobahnabfahrt
	1,00 min	0,0 km	0 km/h	Ampel
9^{12}	2,00 min	2,0 km	60 km/h	Ortsstraße
9^{14}	1,00 min	0,0 km	0 km/h	Ampel
9^{15}	3,00 min	2,0 km	40 km/h	Nebenstraße
9^{18}				Ankunft
	77,81 min	94,2 km	73 km/h	

Tabelle 4:
Durchschnittsgeschwindigkeit einer längeren Fahrt

Nehmen wir einmal eine bestimmte Fahrt an (vergl. Tabelle 4). Sie fahren um 8.00 Uhr von zu Hause los — zuerst 200 m durch eine Wohnstraße. Kinder auf dem Schulweg zwingen Sie, mit etwa 30 zu fahren. Wegen des Berufsverkehrs stauen sich auf der Hauptstraße die Fahrzeuge, so daß Sie etwa 1 1/2 Minuten warten müssen, bis Sie sich einordnen können. Aber endlich läßt Sie doch jemand dazwischen. Die nächsten 1,7 km geht es im Bummeltempo mit 10 km/h weiter, dann noch 1,7 km mit 20 Stundenkilometer. Es ist inzwischen 8.17 Uhr. Nach einer Wartezeit von 1 Minute nach links zur Autobahnauffahrt haben Sie endlich freie Fahrt. Sie nutzen die Gelegenheit und fahren mit 130. Doch der nächste Stau läßt nicht lange auf sich warten: Nach zehn Minuten kommen Sie die folgenden 5 Kilometer nur mit 30 vorwärts. Als Sie die drei ineinandergeschachtelten Wagen passieren, die den Verkehr aufhielten, zeigt Ihre Armbanduhr 8.39 Uhr. Jetzt schnell den Zeitverlust herausholen, denken Sie. Alles was der Wagen hergibt, wird gefahren, und zwar 180 Sachen. Richtgeschwindigkeit interessiert nicht mehr. Aber wie nun einmal auf deutschen Autobahnen üblich, wird überwiegend links gefahren, und so müssen Sie schon nach zwei Minuten wieder auf 120 heruntergehen. Die Fahrt verläuft nun ziemlich gleichmäßig. 20 Minuten mit 120 Kilometer pro Stunde, 10 Minuten mit 80 wegen einiger Baustellen — weshalb Baustellen immer dort sein müssen, wo Sie fahren! — Autobahnabfahrt — Ampel — Durchfahrtsstraße — Ampel — Nebenstraße — das Ziel ist erreicht. Der Kilometerstand zeigt 94 km mehr als zu Beginn der Fahrt, es ist inzwischen 9.18 Uhr. Sie haben also für die 94 Kilometer 78 Minuten gebraucht. Sie erinnern sich, wie Sie früher in der Schule die Geschwindigkeit aus der zurückgelegten Strecke und der dazu benötigten Zeit berechnen mußten: 94 km : 78 Minuten = 94 km : 1,3 Stunden. Großzügig aufgerundet: 75 Stundenkilometer. Keine großartige Leistung! Obwohl Sie einmal sogar mit 180 gefahren sind. Sie sind überzeugt, daß Ihr alter Wagen bedeutend länger gebraucht hätte! Der schaffte nämlich nur 130. Nun aber wollen Sie es genau wissen. In den zwei Minuten, in denen Sie 180 fuhren, legten Sie 6 km zurück. Wären Sie die 6 km dagegen nur mit 130 gefahren, hätten Sie 2 Minuten 46 Sekunden benötigt. Na, 46 Sekunden sind 46 Sekunden, denken Sie, und steigen zufrieden aus.

Um also schnell ans Ziel zu gelangen, kommt es nicht nur auf die höchste gefahrene Geschwindigkeit an, sondern vor allem auch, wie viele Aufenthalte die Fahrt hat, wie häufig abzubremsen und wie dicht der Verkehr ist. Wenn man, wie in der Geschichte, am Ende der Fahrt die insgesamt gefahrenen Kilometer durch die hierzu benötigte Zeit teilt, erhält man die Durchschnittsgeschwindigkeit der Fahrt.

Ein hohes Ergebnis verspricht eine kurze Fahrt, aber trotzdem nimmt die Zeitersparnis nicht ebenso stark wie die Durchschnittsgeschwindigkeit zu. Ein Beispiel soll dies näher erläutern: Der Weg zur Arbeitsstätte liegt gewöhnlich unter 10 Kilometer, diese tägliche Routinefahrt beträgt also üblicherweise weniger als 20 km. Bei 10 km/h benötigt man für diese Strecke 2 Stunden. Erhöht man seine Geschwindigkeit um 10 km/h auf 20 km/h, so dauert die Fahrt nur eine Stunde; das ergibt eine Einsparung von einer vollen Stunde. Mit 30 km/h reichen 40 Minuten für die Strecke aus, der Zeitgewinn gegenüber 20 km/h beträgt nur noch 20 Minuten. Eine weitere Erhöhung um 10 km/h auf 40 km/h liefert lediglich einen zusätzlichen Zeitgewinn von 10 Minuten, auf 50 km/h einen von 6 Minuten, auf 60 einen von 4 und so weiter. Tabelle 5 gibt Aufschluß über die Zeitersparnis, die eine Erhöhung um jeweils 10 km/h mit sich bringt.

Strecke: 20 km

	Durchschnittsgeschwindigkeit	benötigte Zeit	Zeitersparnis
zu Fuß	5 km/h	4 h	
Laufschritt	10 km/h	2 h	2 h
Fahrrad	20 km/h	1 h	1 h
Bus	30 km/h	40 min	20 min
Stadtverkehr	40 km/h	30 min	10 min
	50 km/h	24 min	6 min
Bundes-	60 km/h	20 min	4 min
und	70 km/h	17 min 8 s	2 min 52 s
Landstraßen	80 km/h	15 min	2 min 8 s
	90 km/h	13 min 20 s	1 min 40 s
Autobahnen	100 km/h	12 min	1 min 20 s
ohne	110 km/h	10 min 55 s	1 min 5 s
Staus	120 km/h	10 min	55 s
	130 km/h	9 min 14 s	46 s
	140 km/h	8 min 34 s	40 s
	150 km/h	8 min	34 s

Tabelle 5:
Zeitgewinn bei Erhöhung der Geschwindigkeit um jeweils 10 km/h

Umgekehrt nimmt die Gefahr, einen Unfall zu erleiden und andere darin zu verwickeln, mit wachsender Geschwindigkeit immer stärker zu. Es ist fraglich, ob sich unter diesem Gesichtspunkt hohe Geschwindigkeiten auszahlen. Was machen zum Beispiel 2 Minuten auf dem Weg zur Arbeitsstätte aus, die überdies mit einer Geschwindigkeitsüberschreitung von 20 Prozent erkauft werden?

Für die Beschleunigung läßt sich zeigen, daß sie noch weniger zum Zeitgewinn als die Spitzengeschwindigkeit beiträgt. Auf weiten Strecken handelt es sich nur um wenige Sekunden, die man überdies noch mit einem hohen Energieverbrauch bezahlt. Die Beschleunigung gibt an, wie schnell der Wagen seine Geschwindigkeit vergrößern kann. Normalerweise mißt man sie durch die Zeit, die er benötigt, um aus dem Stand 100 km/h zu erreichen. Häufig wird eine gute Beschleunigung dadurch gerechtfertigt, daß es Vekehrslagen gibt, in denen man einen Unfall nur durch Losspurten vermeiden kann. Auch Beispiele lassen sich hierzu anführen. So berichtete am 14. Dezember 1978 der Bonner General-Anzeiger unter der Überschrift: »Da half nur die Flucht nach vorn«:

»...Aus bisher ungeklärter Ursache waren in der Nacht zum Mittwoch die Schranken eines Bahnübergangs in Köln trotz herannahender Züge nicht heruntergelassen worden. Der Autofahrer hatte gerade das erste Gleis der vielbefahrenen Güterstrecke überquert, als unmittelbar hinter seinem Wagen Zug Nummer eins vorüberrauschte. Für einen richtigen Schreck war die Zeit zu kurz, denn schon kam auf dem noch vor ihm liegenden Parallel-Gleis ein zweiter Zug in entgegengesetzter Richtung auf ihn zu.

Nur seiner Geistesgegenwart und der Spurtkraft des Autos hatte es der Fahrer zu verdanken, daß er auch der zweiten Lok entkam...«

Ich persönlich halte von diesem Argument nichts, und zwar aus folgenden Gründen: Verkehrslagen, in denen man nur durch hohes Beschleunigen einen Unfall vermeiden kann, sind sehr selten. Meistens ist es die bessere Lösung, zu bremsen. Weiterhin erfordert es sehr viel Geistesgegenwart, im richtigen Moment zu erkennen, daß hier nur die Flucht nach vorne hilft. Starke Wagen verleiten schließlich viele Autofahrer dazu, zum Vergnügen mal eben zu beschleunigen oder zu fahren, was der Wagen hergibt, und so die Gefahr eines Unfalls herauszufordern. Auch für dieses Verhalten lassen sich Beispiele finden, so eine Überschrift vom 11.3.1978 im Bonner General-Anzeiger: »'Tagesrekord': Mit 91 'Sachen' durch das Wohngebiet« und die typische Wendung in Unfallberichten »infolge überhöhter Geschwindigkeit«.

Zu dem Vergnügen und dem Nervenkitzel, die das Fahren eines »spurtfreudigen«, schnellen Wagens dem Fahrer bietet, und der Möglichkeit, sich stark und unbesiegbar zu fühlen und damit Minderwertigkeitsgefühle zu kompensieren, hat das Auto eine weitere wichtige Bedeutung für den Besitzer: die des Statussymbols. Bis in die Sechzigerjahre hinein war der Besitz eines Pkws ein Zeichen dafür, daß man etwas geschafft hat und jemand ist. Dabei kam es nicht unbedingt auf die Preisklasse des Wagens an; der Besitz eines Autos allein zeichnete einen gegenüber der Mehrheit aus. Das eigene Kraftfahrzeug lag nach dem Eigenheim in der Rangskala der Statussymbole an zweiter Stelle. Mit der Zeit änderte sich jedoch die Lage. Inzwischen kann fast jeder ein Auto besitzen, der Pkw hebt einen noch lange nicht von der Mehrheit der anderen ab. Es ist sogar schon so weit gekommen, daß der Verzicht auf einen Wagen auffällt. Aus diesem Grunde hat das Auto in gewisser Hinsicht an Bedeutung als Statussymbol verloren — aber auch nur in gewisser Hinsicht, denn man trachtet inzwischen danach, dem Nachbarn durch die Marke zu imponieren. Es kommt jetzt darauf an, einen Wagen zu besitzen, der sich von denen der gewöhnlichen Sterblichen in der Größe, in den Besonderheiten, im Verbrauch und vor allem im Preis und in der Neuheit unterscheidet. Die Folge ist, daß der VW-Käfer, der noch vor einem Jahrzehnt das Straßenbild beherrschte, ganz aus der Mode kam und schließlich seine Produktion in Deutschland eingestellt wurde.

Allmählich verliert auch die Automarke an Bedeutung. Selbst mittleres Einkommen reicht für einen Wagen der gehobenen Preisklasse aus, womit man sich schon bald etwas Besonderes einfallen lassen muß, um seinen Nachbarn zu imponieren, zum Beispiel einen ausländischen Sportwagen. Die Marke rückte inzwischen auf Platz vier der Statussymbole — hinter dem Eigenheim, dem Swimming-pool und den Bekannten, die man hat. Ob dies zu begrüßen ist, mag bezweifelt werden. Indem das Auto aus der Sicht der meisten von einem Luxusgut zu einem Gebrauchsgegenstand wird, erhöht sich die Abhängigkeit von der Bewegung auf vier Rädern immer mehr.

Übung Nr. 3
Fast eine Moritat

Sie lesen hier die tragische Geschichte eines Führerscheinneulings, der von dem inneren Drang besessen war, ständig der Erste zu sein, und der bald ein Opfer seiner Leidenschaft wurde.

Kaum hielt er das ersehnte Papier in den Händen, als ihn auch schon der Los-presch-Drang packte. Seinen geliebten Porsche Turbo, den er endlich unter sich spürte und den er sich bitter vom Munde abgespart, steuerte er nun gen Autobahn. Der Erste wollte er sein; an der Spitze aller Wagen wie ein Pfeil die Landschaft zu durchschneiden, war sein ersehnter Wunsch. Keiner sollte ihm nahen dürfen, er selbst wollte die Herrschaft über diese Straße ausüben und keinen vor sich dulden.

Doch kaum hatte er die Autobahnauffahrt hinter sich gelassen, da bot sich ihm ein erschreckendes Bild. So weit seine Blicke reichten, konnte er die Spitze aller Wagenkolonnen nicht entdecken.

»Nun erst recht«, dachte er, »werde ich streben und danach trachten, alle, die da vor mir sind, zu überholen.« Und er gab Gas. Alles, was die 300 PS = 221 Kilowatt hergaben, wurde herausgeholt. Durch das Röhren seines 3,3 Liter-Sechszylinders animiert, fühlte er sich kraftvoll und unbesiegbar. Alle wichen alsdann zurück, kaum hatte er sich ihnen genähert. Doch die Spitze wollte und wollte sich nicht auftun, solange er auch mit 260 vorwärts schoß. Immer mehr Wagen sah er vor sich, die es zu überholen galt.

Doch plötzlich, er traute seinem Rückspiegel kaum, wurde er von hinten angegriffen. Hämisch lichthupend holte ein sechsrädriger Panther aus Großbritannien auf. So fest er auch das Gaspedal niedertrat, er konnte ihn nicht abschütteln. Erst in letzter Sekunde rettete er sich nach rechts, 219 Kilowatt und 50 Stundenkilometer mehr rasten an ihm vorbei. Das war zuviel für ihn. Die erste Leitplanke als Notbremse benutzend, gab er sich geschlagen. Aus dem Schrott seines neuen Porsche Turbo sah er noch gerade alle, die er überholt hatte, an sich vorbeifahren. Der letzte Gedanke, den er in seinem ach so kurzen Leben faßte und der ihm noch in seiner letzten Minute Trost spendete, bevor er dem diesseitigen Leben entschlief, war: »Die Letzten werden die Ersten sein.«

10. Verkehr und Gesellschaft

Individualist zu sein ist modern; man will sich von der Masse der gewöhnlichen Sterblichen wenigstens durch eine Besonderheit abheben. Einen eigenen Lebensstil zu entwickeln, erfordert jedoch große Energie und Anstrengung; daher zieht man es vor, nur Äußerlichkeiten sprechen zu lassen. Immer mehr der immer gleichen Individualistenbärte sprießen aus den Kinnen der Männer, geziert von Zigarillos. Das Auto, hinter dessen Steuer sich der Individualist lässig schwingt, hat eine markante Form und ist auf jedem Parkplatz x-mal zu bewundern. Schon die Verwendung des Personenwagens statt der Bahn trägt zum erhabenen Gefühl bei, individuell zu sein: Man nimmt ja am Individual-, nicht am Massenverkehr teil, und daher fahren jeden Morgen lange Schlagen von Individualisten in fast identischer Haltung langsam in dieselbe Richtung, nur gelegentlich erscheint ein Bus, gefüllt mit der übrigen Menschenmasse. Die Werbung stellt den Pkw gerne als das »individuellste aller Fahrzeuge« hin, dessen Individualität natürlich auf die Insassen abfärbt. Reiseveranstalter nennen den Komfortbus, um Kunden von der Schiene auf die Straße zu locken, »nach dem Pkw das individuellste Fahrzeug«.

Im Bewußtsein der Mehrheit wird Individualverkehr mit Pkw-Verkehr gleichgesetzt, und dieser bedeutet nach Meinung der Autofahrer »Individualistenverkehr«. Dabei hat, geht man dem Ursprung des Wortes einmal nach, das «Individual-« in »Individualverkehr« nichts mit »Individualist« zu tun. Es besagt nur, daß sich die einzelnen Verkehrsteilnehmer unabhängig und damit auch ohne festen Fahrplan bewegen. Zum Individualverkehr gehören also Personenwagen, Mopeds und Motorräder, aber auch Taxis, Fahrräder und Fußgänger. Demgegenüber hat sich der Massenverkehr an mehr oder weniger feste Fahrpläne zu halten und befördert auf bestimmten Strecken Personen, die sich gewöhnlich nur zu diesem Zweck im Fahrzeug treffen. Hierzu gehören die öffentlichen Verkehrsmittel wie Busse, Straßen- und Eisenbahnen, Flugzeuge und Personenschiffe als auch ein Teil des privaten Verkehrs wie Werks- und Reisebusse.

Geht man von den abnehmenden Energiereserven aus, trägt die Unterteilung in Individual- und Massenverkehr nicht zur Diskussion bei, denn beiden gehören Fahrzeugarten an, die die Rohstoffvorräte stark oder kaum angreifen. Daher ist eine andere Einteilung sinnvoller, die

Unterteilung in motorisierten und nichtmotorisierten Verkehr. Hiernach besteht zwischen Bussen und Personenwagen kein prinzipieller Unterschied, sondern nur ein gradueller. Beide hängen von fremder Energie ab. In Tabelle 6 sind die Zusammenhänge zwischen den beiden Unterteilungsmöglichkeiten dargestellt.

	nichtmotorisierter Verkehr	motorisierter Verkehr
Individualverkehr	zu Fuß gehen, radfahren, rudern segeln, paddeln	Pkw, Motorrad, Taxi, Moped, Mofa, private Motorboote, private Flugzeuge
Massenverkehr	Segelschiffe, mechanische Fährboote	Bus, Straßenbahn, Zug, Flugzeug, Dampfer

Tabelle 6:
Gegenüberstellung zweier Unterteilungsmöglichkeiten des Verkehrs

Energiekrise und Umweltverschmutzung gehen zum größten Teil auf die einseitige Bevorzugung des motorisierten Verkehrs zurück, wobei die meisten Menschen den energieintensivsten Fahrzeugen den Vorrang einräumen: Besitzen sie einen Pkw, so dient der Bus nur noch als Lückenbüßer, dürfen sie gar ein Flugzeug ihr eigen nennen, bleibt für die Limousine lediglich der Nahverkehr. Entsprechend entsteht durch die Transportmittel eine soziale Rangfolge: An der Spitze der Skala stehen die privaten Flugzeuge. Wer eins besitzt, fühlt sich aus der Masse der übrigen Menschen herausgehoben, er weiß, daß er wer ist. Es folgen die Linienflugzeuge, für deren einmaliges Benutzen in den Ferien viele Familien bereit sind, das ganze Jahr über zu sparen. Der Pkw als das »individuellste aller Fahrzeuge« wird deutlich den Bussen bevorzugt. Viele Bürger eines Industriestaates sehen den nichtmotorisierten Verkehr kaum noch als Verkehr an; für sie ist zu Fuß gehen, radfahren, rudern oder paddeln Hobby oder Ausgleichssport, nicht aber dazu geeignet, notwendige Wege zurückzulegen. Häufig erlebt man, daß Leute sich in ihrem Pkw durch verstopfte Straßen zur Arbeitsstelle hin und zurück quälen und am Abend ihr Fahrrad aus dem Keller holen. Auch schon auf dem Weg zur Arbeit ihren Sport auszuüben, kommt ihnen nicht in den Sinn.

Nicht nur der einzelne entscheidet sich mit Vorliebe für die energieintensivsten Verkehrsmittel; unsere ganze Gesellschaft ist darauf abgestellt. Motorfahrzeuge erhöhen das Bruttosozialprodukt, das heute überall dazu dient, wirtschaftliche Erfolge zu beweisen, bedeutend stärker als nichtmotorisierte. Ein Pkw kostet im allgemeinen über 10 000 Mark in der Anschaffung, sein Betrieb ohne Wertverlust nicht unter 200 Mark im Monat. Für ein Tourenrad bezahlt man zwischen 150 und 400 Mark bei der Anschaffung und hat monatlich weniger als 5 Mark Unkosten für Ersatzteile. Ein Auto kostet danach etwa fünfzigmal so viel und hebt entsprechend den statistischen Beweis für den Wohlstand. Aber leider besagt statistischer Wohlstand noch lange nichts über wirklichen Wohlstand, und dieser hat wenig mit der Lebensqualität in einem Land zu tun.

Dem Personenwagen räumt man deutlich den Vorrang vor dem öffentlichen oder Arme-Leute-Verkehr ein. Lange Zeit paßte man die Städte immer mehr dem Pkw an, schmale Straßen wurden verbreitert, an Knotenpunkten entstanden riesige Straßenbauten. Parallel zu den vorhandenen Bundesbahnlinien baute man Autobahnen, wodurch die Nachfrage nach Personenwagen auf Kosten von Zugfahrten stieg. Die ganze Verkehrspolitik lief darauf hinaus, das Pkw-Fahren schneller und komfortabler auf Kosten aller anderen Verkehrsmittel, insbesondere der nichtmotorisierten, zu machen. Nebenbei verschwendeten die Planer noch Gedanken an Busse und Züge — ältere Leute und Kinder sollen sich ja auch fortbewegen können — Fußgänger und Radfahrerwege dagegen verloren zugunsten von mehr Fahrstreifen Raum, bei Neuanlagen plante man nur noch schmale Trampelpfade entlang den Rennstrecken.

Dank des Erdölschocks im Herbst 1973 gewann der öffentliche Verkehr wieder stärker an Ansehen: Auch Leute, die nicht mit dem eigenen Wagen vorfuhren, sondern mit der Bahn ankamen, wurden wieder als vollwertige Menschen angesehen. Voraussetzung war jedoch, daß sie durch Titel, Fahrzeugbrief oder Kontoauszug zu beweisen vermochten, daß sie sich zwar ein Auto leisten könnten, freiwillig es jedoch nicht benutzten.

Nichtmotorisierter Verkehr behielt dagegen weiterhin seine Randstellung bei. Nur zum Ausgleichssport oder als Ferien- und Freizeitbeschäftigung wird heute das Fahrrad akzeptiert; zum Berufsverkehr ist es für den Durchschnittsbürger tabu. Nach der augenblicklich herrschenden Meinung kann das Fahrrad den Pkw nicht ersetzen, obwohl ihm als Sportgerät eine wachsende Bedeutung zukommt. Abendliches Radeln mit möglichst anfälligen Rennrädern, deren Umsatz nach der Tour de France regelmäßig steigt, dient der Körperertüchtigung des Autofahrers und hebt sogar sein soziales Prestige, denn alle Nachbarn wissen, daß der eigene Wagen in der Garage steht. Und zusätzlich beweisen kurze Turnhose, gelbes Trikot und Schirmmütze auf dem Kopf, daß man Radfahren als Sport betreibt. Abgesehen von älteren Leuten kann sich unter den heutigen gesellschaftlichen Bedingungen nur derjenige leisten, kein Auto zu besitzen, der entweder das Geld für mehrere hat oder dem man auf Grund des Titels oder der vermuteten Bildung eine gewisse Unkonventionalität zugesteht. In allen anderen Fällen liegt Führerscheinentzug, Arbeits- oder Erfolglosigkeit nahe.

Der eigene Wagen wird inzwischen vielfach indirekt vorausgesetzt. Man gibt den Abstand zweier Orte in Autominuten an — eine Längeneinheit, die trotz des häufigen Gebrauchs noch nicht zu den SI-Einheiten zählt und sich nur sehr schwer in Kilometer umrechnen läßt. Wie das Lichtjahr diejenige Entfernung bezeichnet, die ein Lichtstrahl in einem Jahr durchmißt, bedeutet eine Autominute diejenige Strecke, die ein Pkw mit der höchsten zulässigen Geschwindigkeit in einer Minute zurücklegt. Wohnungen werden angepriesen, indem man auf die Nähe zur nächsten BAB-Auffahrt (Bundesautobahnauffahrt) hinweist. Es gibt keine bessere Werbung für ein Geschäft als ein großer Parkplatz. Abseits von den Städten gelegene Läden und Ortschaften beschreiben in Prospekten ihre Lage durch eine Reihe von Buchstaben und Zahlen, die für einen Autofahrer mehr Aussagekraft als Ortsnamen besitzen: A13, B24 oder EB4 sind keine Geheimcodes ausländischer Nachrichtendienste, sondern schlicht Straßen, die für viele mit einer Reihe von Erinnerungen verbunden sind: Stau, Wochenendausflug, Baustelle, Urlaub, landschaftlich schöne Strecke, unübersichtliche Kreuzung und so fort.

Der Staat hat verschiedene Möglichkeiten, Einfluß auf die Wahl der Verkehrsmittel zu nehmen: durch Besteuerung oder Gebühren, durch die Wege, die er bereitstellt oder durch gesetzliche Beschränkungen. Ein Vergleich von Auto- und Radfahrgelegenheiten zeigt deutlich, daß dem motorisierten Verkehr der Vorzug gegeben wird: In der Nähe von Städten entstehen immer häufiger Straßen, die für Fußgänger und Radfahrer gesperrt sind und in direkter Linie in die Innenstädte führen. Nichtmotorisierte Verkehrsteilnehmer haben die Wege zu benutzen, die zu Umwegen zwingen und häufig nur deshalb länger werden, weil die neu eingerichtete Kraftfahrstraße die Landschaft in zwei Teile zerschneidet. In sich geschlossene Fußgänger- und Radfahrwege, die ähnlich den Bundesstraßen die Orte miteinander verbinden, gibt es dagegen kaum; die meisten Wege beginnen auf einem Parkplatz und laufen mehr oder weniger verschlungen zu ihm zurück. Die Städte sind, wie Garbrecht formuliert, »Häuser zwischen asphaltierten Auto(fahr)bahnen, Häuser auf asphaltierten Parkplätzen«[91]. Der Vorrang der Kraftfahrzeuge zeigt sich deutlich darin, daß nur sie ein geschlossenes Verkehrsnetz vorfinden. Das Fußgänger»netz« besteht aus geschlossenen Ringen, die um Häuserblocks führen, miteinander jedoch keine Verbindung aufweisen[91]. Um von einem Ring zum anderen zu gelangen, muß man die Fahrbahn überqueren, das heißt den Raum verlassen, auf dem man gesetzlich Vorrecht genießt, und auf fremdes Territorium treten, deutlich gekennzeichnet durch die Bordsteinkante. Wie jeder Fußballer weiß, ist man bei einem Auswärtsspiel immer benachteiligt — auch wenn einem nach den Regeln dieselben Rechte zustehen. Im Verkehr besitzt man sie darüber hinaus nicht; auf der Straße haben immer die Fahrzeuge den Vorrang, nur in wenigen Ausnahmen, auf den Zebrastreifen, kann man von annähernder Gleichberechtigung sprechen. Und diese nehmen, gerechtfertigt mit dem Schlagwort »Verkehrssicherheit«, immer mehr zugunsten von Ampeln ab, an denen man die Hierarchie der Verkehrsteilnehmer deutlich am Verhältnis der Grünphasen zueinander ablesen kann.

Wie die Ampeln stuft auch der Lohnsteuerjahresausgleich die Verkehrsteilnehmer ein: Für den täglichen Weg zur Arbeit kann ein Pkw-Besitzer 36 Pfennig, ein Motorradfahrer 16 Pfennig pro Doppelkilometer und ein Benutzer öffentlicher Verkehrsmittel oder des Mofas die nachgewiesenen Fahrkosten absetzen. Für nichtmotorisierte Verkehrsteilnehmer gibt es keine Entschädigung. Bei Dienstreisen und

Dienstgängen sind beim Pkw 32 Pfennig, beim Motorroller 14 Pfennig, beim Mofa 8 Pfennig und beim Fahrrad 4 Pfennig pro Kilometer Abstand und zu Fuß nichts berechenbar. Für die öffentlichen Verkehrsmittel gilt wiederum der Fahrpreis. Besteht für einen Schüler, der in eine mehr als 3,5 Kilometer vom Elternhaus entfernte Schule geht, keine Möglichkeit, ein öffentliches Verkehrsmittel zu benutzen, so erhält er in Nordrhein-Westfalen als Radfahrer 5, als Mofafahrer 10 und als Autofahrer 25 Pfennig Kilometergeld[89]. Je energieintensiver das Fahrzeug, desto mehr Vergünstigungen genießt man. Vielversprechend ist hierzu ein Gesetzentwurf der rheinland-pfälzischen Landesregierung, nach der alle Arbeitnehmer gleich hohe Steuervorteile für den Weg zur Arbeitsstelle geltend machen können. Für den Doppelkilometer sollen hiernach 36 Pfennig abgesetzt werden können, ganz gleich, wie man zur Arbeitsstätte gelangt[87].

Autofahrer werden dem entgegenhalten, daß sie mehr Unkosten als die übrigen Verkehrsteilnehmer haben; die absetzbaren 36 Pfennig seien nur ein Tropfen auf dem heißen Stein. Allein das Benzin koste für zwei Kilometer fast 30 Pfennig, hinzu kommen noch Kraftfahrzeugsteuer, Verschleiß und Versicherung, womit man für diese Strecke auf eine Belastung von durchschnittlich einer Mark käme. Dem kann man entgegenhalten, daß man mit dem Pkw für die täglichen Wege eine kürzere Zeit als Fußgänger, Bus- und Radbenutzer benötigt. Auch dies müßte man mitberücksichtigen, denn Zeit läßt sich über den Stundenlohn in Geld umrechnen. Unter diesem Aspekt ist dieselbe Kilometerpauschale für alle gerechtfertigt.

Gern führen Pkw-Fahrer Auto- und Benzinsteuer an, um zu beweisen, daß sie übermäßig belastet werden. 1978 überschritten die Einkünfte des Staates aus der Mineralölsteuer die 20-Milliarden- und aus der Kraftfahrzeugsteuer die 6-Milliarden-Grenze; an jedem Liter Benzin, der aus der Zapfsäule fließt, verdient der Staat mehr als eine halbe Mark. Dies sind, nach Auffassung der Autofahrer, schlagende Beweise dafür, wie stark man sie zugunsten gesellschaftlicher Einrichtungen wie der Bundesbahn schröpft. Eine einfache Rechnung zeigt jedoch, daß nicht die Autofahrer die Ausgebeuteten sind, sondern eher die Gesellschaft belasten. Viele machen sich nicht klar, was Autobahnen und gut ausgebaute Bundesstraßen kosten. Das Geld, das jeder Autofahrer jährlich über die Benzinsteuer dem Staat »schenkt« (rund 700 Mark), reicht gerade für 9 cm Autobahn. Von den 18 Milliarden

Mark Mineralölsteuern, die 1976 erhoben wurden, bezahlten die Kraftfahrer 16,1 Milliarden, der Rest betraf Heizöl und die Ölprodukte der Industrie. Zusammen mit den 5,6 Milliarden Kraftfahrzeugsteuer brachte der Verkehr etwa 21,7 Milliarden Mark ein. Im selben Jahr gaben Bund, Länder und Gemeinden allein 17,2 Milliarden für den Straßenbau und deren Verwaltung aus[90]. Hinzu kamen noch 2,7 Milliarden für Verkehrspolizei, womit den 21,7 Milliarden Mark Einnahmen Ausgaben in Höhe von 19,9 Milliarden Mark gegenüberstehen. Umweltschutz, Sozialunterstützung für die Unfallgeschädigten und Unterhalt und Bau von Krankenhäusern, für die das Kraftfahrzeug auch ein wichtiger Zulieferer ist, fehlen in der Rechnung noch ganz. Daher ist anzunehmen, daß die Autofahrer voll auf ihre Kosten kommen. Und selbst wenn in einzelnen Jahren einmal die Einkünfte höher als die Ausgaben lägen, so ist zu berücksichtigen, daß man für jeden Hund Steuern bezahlt. Warum sollte es beim Auto, das mehr öffentlichen Platz als ein Hund beansprucht, anders sein? Darüber hinaus wurde vor der Ölkrise bedeutend mehr Geld für Straßen ausgegeben, als durch Besteuerung der Autofahrer einkam. Zwischen 1950 und 1971 kamen durch Kraftfahrzeugsteuern und Mineralölsteuer und -zoll 133 156 Millionen Mark ein; dem stehen für Straßenbau- und -unterhaltung 151 512 Millionen gegenüber, womit die Ausgaben um 18 356 Millionen Mark zu hoch lagen[90]. Hätte dies über Kredite finanziert werden müssen, so betrügen die Schulden inzwischen rund 70 Milliarden Mark; allein die zu zahlenden Zinsen überschritten bei weitem den Betrag, der jährlich durch Steuern mehr einkommt als für Straßen ausgegeben wird. Im Gegensatz zum Straßenverkehr muß jedoch die Bundesbahn, die viele Autofahrer mitzufinanzieren vermeinen, den Schuldenberg vor sich herschieben.

Ein weiteres Beispiel zeigt, wie sehr in unserer Gesellschaft der Autobesitz gefördert und in gewisser Hinsicht auch als selbstverständlich angenommen wird: Nach der Landesbauordnung für Nordrhein-Westfalen muß jeder, der ein Haus bauen will, pro Wohnung für einen Abstellplatz sorgen. Lassen die Grundstücksverhältnisse das nicht zu, kann man sich bei der Stadt von der Verpflichtung freikaufen. In der Bonner Innenstadt kostet der Ablaß zur Zeit pro Wohnung 12 600 Mark, ganz gleich, ob die Mieter einen Wagen besitzen. In Randbezirken liegt der Betrag niedriger[88]. Die Hauseigentümer legen natürlich das Geld auf die Mieter um, so daß auch Nichtautofahrer für das Parkplatzproblem aufkommen müssen. Sind Garagen vorhanden, bevorzugen viele die Wohnungssuchenden, die auch die Garage nehmen. Auch hier handelt es sich meiner Meinung nach um eine falsche Belastung: Nicht für die Hausbesitzer sollte ein Garagenzwang bestehen, sondern für die Autofahrer.

Solange in einer Gesellschaft nur wenige über motorisierte Fahrzeuge verfügen, besitzen diese wenigen einen großen Vorteil gegenüber ihren Mitbürgern, denn sie fahren bedeutend schneller und bequemer als die anderen. Hieraus folgt, daß sie sich (normalerweise) für besonders wichtig halten und ihre Zeit als kostbarer als die der anderen ansehen. Der Schaden, den jeder Bürger auf Grund der Motorisierung einer kleinen Gruppe erfährt, ist noch vernachlässigbar gering. Von gelegentlichem Ausweichen, kurzfristigen Gestankbelästigungen und einigen wenigen Unfällen (die es auch schon zur Zeit der Pferdekutschen gab) abgesehen, sind die Autos keine Objekte der größeren Gefährdung, Behinderung und Belästigung, sondern höchstens des Neides. Abgaskonzentration, Lärmbelästigung und Rohstoffverbrauch halten sich selbst bei schlecht gewarteten Fahrzeugen noch in Grenzen. Sobald jedoch jeder die Möglichkeit erhält, ein Motorfahrzeug zu fahren, tritt eine bedenkliche Entwicklung ein. Da jeder die großen Vorteile sieht, über die die Kraftfahrzeugbesitzer ihm gegenüber verfügen, versucht er, ebenfalls zum Kreis dieser Privilegierten zu gehören. Eine Motorisierungsepidemie setzt ein, die in kurzer Zeit die gesamte Gesellschaft erfaßt. Für die vielen Fahrzeuge reichen die vorhandenen Wege nicht aus, es müssen neue gebaut werden. Riesige Straßenanlagen zerschneiden die Landschaft, ein dichter Lärmteppich überdeckt das ganze Gebiet, die Behinderungen, Belästigungen und Gefährdungen nehmen schlagartig zu. Motorisierung, in der Hand weniger ein Privileg, wird nun zu einer Volkskrankheit, deren Nachteilen sich niemand mehr entziehen kann, sondern nur deren vermeintlichen Vorteilen, indem man freiwillig auf einen Wagen verzichtet. Ein solches Verhalten widerspricht jedoch der menschlichen Natur, so daß nur eine Minderheit, nämlich Idealisten, Gesellschaftskritiker, die auch nach ihren Prinzipien leben, und Leute, die das Kraftfahrzeug für unproduktiv halten, ohne einen Wagen auskommen. André Gorz[76] vergleicht den Wunsch, jeden mit einem eigenen Pkw auszustatten und auch für die nötigen Straßen zu sorgen, mit dem Prinzip, jeder französischen Familie eine Villa mit Privatstrand an der Côte d'Azur zuzugestehen. Beides habe gleich verheerende Folgen: Die Vorteile, die dem einzelnen eingeräumt werden, wandeln sich in ihr Gegenteil um, weil die anderen dieselben Begünstigungen bekommen.

In dem Buch »Die sogenannte Energiekrise oder Die Lähmung der Gesellschaft«[77] stellt Ivan Illich die Behauptung auf, es gäbe einen bestimmten Energieverbrauch pro Kopf, der nicht überschritten werden dürfe, ohne daß in der Gesellschaft die sozialen Beziehungen zugrunde gingen. Unterhalb der Grenze nehme die Freiheit des einzelnen mit wachsendem Verbrauch zu, oberhalb jedoch wieder ab. In den industrialisierten Staaten sei diese Grenze schon längst überschritten, die Entwicklungsländer könnten sie zur Zeit nicht erreichen. Zwischenmenschliche Kontakte verkümmern und politische Entscheidungsfreiheit verschwindet für den einzelnen, wenn die Zahl der »Energiesklaven« (Maschinen) zu groß wird. Da die Geschwindigkeit der Fahrzeuge vom Energieverbrauch abhängt, läßt sich die Grenze auch in Stundenkilometer angeben. Illich setzt sie bei etwa 25 km/h an, der Geschwindigkeit eines Fahrrads.

Wesentlich für seine Argumentation ist die Unterteilung des Verkehrs in Transit (Fortbewegung aus eigener Kraft) und Transport (Fortbewegung durch fremde Kraft, vor allem durch Motorfahrzeuge). Sobald der Transport überhandnimmt und den Transit mehr und mehr verdrängt, schlagen die Vorteile der Motorisierung in Nachteile um, wie er durch einige Thesen begründet:

Eine auf den ersten Blick sehr verblüffende Behauptung ist, *daß die Menschen wegen der Motorisierung langsamer werden.* Sobald die Fahrzeuge eine bestimmte Grenzgeschwindigkeit überschreiten, nimmt die durchschnittliche Geschwindigkeit der Menschen wieder ab. Daß die Spitzen- von der Durchschnittsgeschwindigkeit eines Fahrzeugs abweicht, läßt sich leicht an jedem Personenwagen zeigen, der zwar 160 km/h schafft, aber die meiste Zeit in Städten unter 50 fährt oder vor Ampeln steht (s. Kap. 9). Darüber hinaus gehen noch weitere Faktoren in die Rechnung ein: Für die Unkosten, die durch das Fahrzeug entstehen, hat man eine gewisse Zeit zu arbeiten. Weiterhin hängen die Vorbereitungen für eine Fahrt von der Art des Transportmittels ab. Besonders energieintensive Fahrzeuge benötigen hierbei einen hohen Aufwand: Der Aufenthalt auf Flughäfen und die Anfahrt überschreiten zum Beispiel ohne weiteres die Flugzeit.

Um auch die Unkosten und die Vorbereitungszeit für die Verwendung des Verkehrsmittels zu berücksichtigen, führt Illich den Begriff der *verallgemeinerten Geschwindigkeit* ein. Fahrzeuge mit hoher Beschleunigung und Spitzengeschwindigkeit sind im allgemeinen teurer als langsame. Um die Mehrkosten zu bezahlen, muß man eine bestimmte Zeit arbeiten. Die Geschwindigkeit berechnet sich aus der zurückgelegten Strecke geteilt durch die dazu benötigte Zeit. Zählt man zur reinen Fahrzeit auch noch die Arbeitstage, an denen man das Geld für Sprit, Versicherung, Garage, Verschleiß usw. verdient, sowie die Stunden für Waschen und Instandhalten des Wagens, so ergibt sich die verallgemeinerte Geschwindigkeit. Sie liegt bei billigen und langsamen Wagen höher als bei schnellen und in vielen Fällen unter der eines Fahrrads (20 km/h). Ich lege für meine Berechnungen die Werte zugrunde, die im Auto-Katalog 1980[78] für die einzelnen Wagen angegeben sind. Als Benzinpreis wird hierin noch 96,5 Pfennig pro Liter Normalbenzin, 100,2 Pfennig pro Liter Super und 98,6 Pfennig pro Liter Diesel gerechnet, Werte, die von der Entwicklung schon längst überholt wurden. Als durchschnittliche Fahrgeschwindigkeit nehme ich je Wagentyp 60 bis 80 Stundenkilometer an. Im Mittel legt jeder Wagen in der Bundesrepublik 15 000 km zurück; diese Strecke liegt der Rechnung zugrunde. Um von den Kosten zur Zeit zu gelangen, muß man das Netto-Einkommen berücksichtigen, also etwa 5 bis 6 DM für Hilfsarbeiter, 7 bis 9 Mark für Facharbeiter, 10 DM für mittlere Angestellte, 15 DM für einen Studienrat, 20 Mark für einen Professor, 30 DM für einen Landtagsabgeordneten, 40 DM für Ärzte und Bundestagsabgeordnete. Dies sind natürlich nur grobe Richtwerte, die im Einzelfall unter- oder überschritten werden. Man erhält seinen speziellen Wert, indem man das Netto-Gehalt eines Monats durch 165 teilt, nämlich der durchschnittlichen Arbeitsstundenzahl eines Monats bei Berücksichtigung des Urlaubs. Bei einem Opel Kadett 1.2 N hat man einschließlich einer monatlichen Garagenmiete von 50 DM durch Sprit, Ersatzteile, Versicherung, Steuern, Öl und Wertverlust Unkosten von jährlich 5 616 DM[78]. Für diesen Betrag muß man bei einem Einkommen von 1 440 DM netto 702 Stunden arbeiten; um 15 000 km mit der Durchschnittsgeschwindigkeit von 65 km/h zurückzulegen, benötigt man 230 Stunden. Für das Waschen des Autos und kleinere Reparaturen kommen noch mindestens 50 Stunden hinzu. Das ergibt insgesamt 982 Stunden bei 15 000 km Fahrt. Daraus folgt für die verallgemeinerte Geschwindigkeit

15 000 km : 982 Stunden = 15 km/h,

also weniger als ein Fahrrad, das immerhin um 20 km/h schafft. Tabelle 7 gibt für einige Wagen die verallgemeinerte Geschwindigkeit bei unterschiedlichem Verdienst an. Bis zu einem Nettoeinkommen von 15 Mark pro Stunde kann also das Fahrrad gut mit dem Auto konkurrieren.

Was in diese Berechnung nicht eingeht, sind Unfälle, die aus eigener Tasche zu zahlen sind. Es wird hier also vorausgesetzt, daß man unfallfrei fährt oder wenigstens bei einem Unfall selber nicht die Schuld zugesprochen bekommt.

Einschränkend muß man jedoch sagen, daß es eine Reihe von Beschäftigungen mit dem Auto gibt, die sich nicht eindeutig als Arbeit bezeichnen lassen und die daher eigentlich aus der Rechnung auszuklammern wären. Ist zum Beispiel das Autowaschen am Samstagmorgen Ausgleichssport, Selbstdarstellung vor den Nachbarn, eine Liebeshandlung (wenn man sanft über den Kotflügel wischt) oder Arbeit?

Eine Fahrt von 200 km kostet mit einem IC der Bundesbahn zweiter Klasse 30 Mark, wofür man bei einem Nettoverdienst von 10 Mark in der Stunde 3 Stunden lang arbeiten muß. Zu den zwei Stunden Fahrt kommen noch eine Stunde Weg zum und vom Bahnhof. Das ergibt eine verallgemeinerte Geschwindigkeit von 33 km/h. Diese Rechnung zeigt, daß der Pkw an Effektivität nicht mit der Bundesbahn konkurrieren kann.

Hinzu kommen noch Folgen der Motorisierung, die sich auf die Geschwindigkeit aller Mitglieder einer Gesellschaft auswirken: Wegen der wachsenden Zahl der Autos muß der Verkehr vielerorts durch Ampelanlagen geregelt werden. Hierdurch sinkt nicht nur die Geschwindigkeit des motorisierten, sondern auch des nichtmotorisierten Verkehrs. Als Fußgänger oder Radfahrer verschwendet man in einer Stadt auf dem Weg zur Arbeit oder zum Einkaufen täglich 10 bis 20 Minuten, um vor Ampeln zu stehen, die Straße stückweise zu überqueren, auf dem Gehweg parkende Autos und Parkplätze zu umgehen. Die Durchschnittsgeschwindigkeit eines Radfahrers liegt bei starkem Autoverkehr bedeutend niedriger als bei geringem Verkehrsaufkommen, weil er auf Grund des ständigen Überholtwerdens mit einem schmalen »Gnadenraum« auskommen und wegen der grünen

	Kosten/Jahr mit Wertverlust + 600DM Garage u.ä.	Fahrzeit + 50 Stunden Waschen	stündlicher Verdienst					
			5 DM netto km/h	6 DM netto km/h	7 DM netto km/h	8 DM netto km/h	10 DM netto km/h	15 DM netto km/h
Fiat 126	4128 DM	300 Std.	13	15	17	18	21	26
Renault 4	4848 DM	300 Std.	12	14	15	17	19	24
Opel Kadett 1.2N	5616 DM	280 Std.	11	12	14	15	18	23
Ford Taunus 1.6	6612 DM	265 Std.	9	11	12	14	16	21
VW Golf	5436 DM	280 Std.	11	13	14	16	18	23
VW Golf S	5952 DM	265 Std.	10	12	13	15	17	23
Opel Ascona 1.6N	6432 DM	280 Std.	10	11	13	14	16	21
Ford Granada 2.0	7908 DM	250 Std.	8	10	11	12	14	19
Opel Rekord 1.9N	7392 DM	265 Std.	9	10	11	13	15	20
Audi 80 S	6444 DM	265 Std.	10	11	13	14	16	22
VW Passat LS	6960 DM	250 Std.	9	11	12	13	16	21
Mercedes 450 SEL 6.9	21084 DM	237 Std.	3	4	5	5	6	9
Porsche Turbo	22800 DM	237 Std.	3	4	4	5	6	9
Fahrrad (2,5 Pf. pro km, 20 km/h)	375 DM	775 Std.	18	18	18	18	18	19
Fahrrad (2,5 Pf. pro km, 25 km/h) (25 Std. Reparatur)	375 DM	600 Std.	22	23	23	23	24	24

Tabelle 7:
Die verallgemeinerte Geschwindigkeit

Wellen für die Autofahrer im Durchschnitt vor jeder zweiten Ampel warten muß.

All dies trägt zu einer sinkenden Geschwindigkeit der Bevölkerung in einer motorisierten Gesellschaft bei. Es fragt sich wirklich, ob man nicht ohne Motorfahrzeuge schneller wäre. Illich setzt die Grenzgeschwindigkeit, deren Überschreiten langsamer macht, bei 25 km/h an, der Fahrradgeschwindigkeit. Ob diese Zahl sinnvoll gewählt ist und ob man überhaupt einen festen Wert für alle Gebiete, den dicht und den dünn besiedelten, angeben kann, mag bezweifelt werden. Fest steht jedoch, daß wir den Grenzwert überschritten haben.

Weiterhin behauptet Illich, *der motorisierte Verkehr erzeuge sich selber*. Auch dies kann man leicht an den oben angeführten Argumenten belegen: durch die Zunahme der Entfernungen wird es in einigen Gegenden immer schwerer, nichtmotorisiert sein Ziel zu erreichen. Dies fängt schon bei der Schule an. Gymnasien mit weniger als 400 Schülern und Dorfschulen verschwinden immer mehr. Stattdessen entstehen Schulzentren, deren Schülerzahlen ohne weiteres die Zweitausenderschwelle überschreiten können. Der Schulweg wird hierdurch so groß, daß er für die meisten kaum noch ohne Bus zu bewältigen ist. Stadtplaner setzen bei ihren Projekten Motorfahrzeuge voraus, Verständnis für nichtmotorisierten Verkehr findet man bei ihnen nur selten. Es entstehen in Außenbezirken Wohngebiete, in denen man im günstigsten Fall ein Lebensmittelgeschäft findet.

Weiterhin werden die Städte für den nichtmotorisierten Verkehr immer unerträglicher. Unfallgefährdung, schlechte Luft und Lärm läßt viele Nicht-Pkw-Besitzer Bussen und Bahnen den Vorzug geben, in denen es sich auch zu den Stoßzeiten noch angenehmer fahren läßt als mit dem Rad zwischen Auspuffrohren. Einige Eltern sehen es inzwischen schon als unverantwortlich an, mit den Kindern in die Stadt zu radeln, weil viele Autofahrer sich in Staus nur noch am Wagen vor sich orientieren und im übrigen in einen Halbschlaf fallen.

Hat erst einmal der motorisierte Verkehr eine gewisse Stärke erreicht, wird das Auto für alle vorausgesetzt. Die Gesellschaft stellt an Berufstätige Geschwindigkeitsanforderungen, die sie nur noch mit Autos erreichen können. Dabei braucht noch nicht einmal an Handelsreisende gedacht zu werden, es genügen schon Fortbildungslehrgänge für Betriebsangehörige außer Haus, wozu der notwendige Weg in einigen Fällen allein mit dem Pkw in der hierfür zugestandenen Zeit überbrückt werden kann.

Nach den Folgen der Motorisierung für den gesamten Verkehr sollen nun die für den einzelnen besprochen werden. Bei langjährig motorisierten Personen, insbesondere Pkw-Benutzern, stellt sich auf die Dauer eine *Abhängigkeit vom Auto* ein. Führerscheinentzug bedeutet für einen echten Autofahrer die größtmögliche Strafe und zieht schwere »Entzugserscheinungen« nach sich. 1978 begingen in Österreich deswegen 20 Personen Selbstmord. In dieser Zahl sind nur die Fälle enthalten, bei denen das Motiv eindeutig feststand[101]. Häufig genug berichten Regionalzeitungen, daß Leute nach dem Entzug ohne Führerschein beim Anblick einer Funkstreife mit überhöhter Geschwindigkeit in Seitenstraßen rasten und erst auf diese Weise in Verdacht gerieten. Trotz ihres schlechten Gewissens konnten sie es nicht lassen, ab und zu einen Wagen zu steuern. Dabei braucht es sich nicht um Personen zu handeln, die auch durch andere Straftaten auffallen, meistens handelt es sich um unbescholtene Bürger jeden Berufs, sieht man einmal von Verkehrsdelikten ab.

Das Wiedererlangen eines Führerscheins sehen daher viele als einen wirklichen Grund zum Feiern an. So konnte man am 3. April 1978 im Bonner General-Anzeiger unter der Überschrift »Verdutzte Polizisten« lesen:

»**Siegburg:** (ar) Da blieb dem wachhabenden Beamten der Siegburger Polizei die Luft weg: in der Nacht zum Samstag bedankte sich eine Autofahrerin (26) bei dem Beamten mit einem Bützchen, als sie ihren Führerschein wiederbekam. Der jungen Frau war der Führerschein nach einem Verkehrsunfall in Siegburg aufgrund ihrer 1,65 Promille für sieben Monate entzogen worden. Genau am 1. April, der in diesem Jahr auf einen Samstag fiel, sollte sie das begehrte Papier wieder zurückbekommen. Da samstags das Straßenverkehrsamt geschlossen ist, erwirkte sie über ihren Anwalt einen Gerichtsbeschluß, daß ihr Führerschein am 1. April um 0.00 Uhr auf der Siegburger Polizeiwache abholbereit hinterlegt wurde. Als die Autofahrerin freudestrahlend ihren Führerschein um Mitternacht in Empfang nahm, gab sie dem völlig verdutzten Polizisten ein Bützchen als Dankeschön. Auf dem Weg zur Polizeiwache war die Autofahrerin per Lkw von einem guten Dutzend Freunden gebracht worden. Als die Beamten den mitternächtlichen Aufmarsch sahen, forderten sie vorsichtshalber eine Streifenwagenbesatzung zum Schutz ihrer Wache an — für alle Fälle —. Mit einer Flasche Sekt wurde anschließend vor der Polizeistation die zwangspausierende Autofahrerin von ihren Freunden begossen. Den feuchtfröhlichen Heimweg legte sie diesmal allerdings zu Fuß zurück.«

Auch wenn die junge Frau wahrscheinlich diese Führerscheinrückgabe als Aprilscherz für ihre Freunde dachte, so erkennt man doch deutlich, welche Bedeutung dem »holden Schein« in unserer Gesellschaft beigemessen wird. Der Drang, möglichst schnell wieder die Fahrerlaubnis zu erhalten, zeigt die fast suchtmäßige Abhängigkeit vom Lenkrad.

Aber nicht nur in solchen Ausnahmefällen, sondern auch in der täglichen Fahrpraxis tritt die Abhängigkeit vieler Mitbürger vom motorisierten Fahrzeug deutlich zutage. Die Entfernung, die jemand ohne Fahrzeug zurückzulegen bereit ist, schrumpft um so stärker, je länger er ein Auto fährt. Selbst kurze Strecken, zum Beispiel zum nächsten Briefkasten, werden im Wagen bewältigt. Ohne Fahrzeug fühlen sich viele nur als halber Mensch. Illich zeichnet ein deprimierendes Bild vom motorisierten Bürger (Transportkonsument), der jeder von uns mehr oder minder ist[79]:

»Das Produkt der Transportindustrie ist der beförderungssüchtige Gewohnheitspassagier... Dem Gewohnheitspassagier ist die sich verschärfende Zeitknappheit bewußt; sie rührt aus dem täglichen Angewiesensein auf Autos, Busse, U-Bahnen und Aufzüge her, die ihn zwingen, im Schnitt 30 Kilometer täglich zurückzulegen... Er hat den Boden unter den Füßen verloren und ist auf das Rad geschnallt... Wenn er an den Fahrplan seines Pendelzuges gefesselt ist, träumt er von einem Auto. Wenn die 'rush-hour' ihn erschöpft, ist er neidisch auf das Tempo, mit dem der 'Kapitalist' in die Gegenrichtung des Verkehrsstroms fährt... Der Gewohnheitspassagier sitzt täglich stundenlang am unteren Ende der Skala zunehmender Ungleichheit, Zeitknappheit und persönlicher Ohnmacht, aber er sieht keinen anderen Weg aus dieser Zwangslage, als noch mehr vom Immergleichen zu fordern: besseren Verkehr durch schnellere Beförderung.«

Im letzten Jahrhundert schrieb Marx über die Entfremdung des Proletariers von seiner Arbeit, heute kann man analog sagen, *der motorisierte Bürger, speziell der Pkw-Benutzer, sei der Entfernung entfremdet.* Viele machen sich nicht mehr klar, welche Entfernungen sie für einen Bummel in der Nachbarstadt nach dem Abendessen zurücklegen. Sie fahren mal eben zur nächsten Großstadt und wieder zurück, nur um sich ein paar Schaufenster anzusehen oder Bowling zu spielen: 10 Minuten durch Stadtverkehr, 10 Minuten auf der Autobahn mit

130. Gleichzeitig staunen dieselben Personen, wenn Radfahrer 60 km mit dem Rad zurückgelegt haben oder wenn jemand täglich 3 km zur Arbeitsstelle zu Fuß geht. Kilometer ist eben nicht mehr gleich Kilometer. Es gibt kurze, nämlich Autokilometer, lange, die man mit dem Fahrrad fährt, und überlange, die man zu Fuß geht. Je weniger man sich aus eigener Kraft fortbewegt, desto mehr verschwindet das Gefühl für Entfernungen.

Daneben entstehen in einer Gesellschaft, die fast ausschließlich auf motorisiertem Verkehr beruht, *entfremdende Entfernungen:* Arbeitsplatz und Wohnung sind längst nicht mehr im selben Stadtteil, sondern weit voneinander getrennt. Als Folge eines gut ausgebauten motorisierten Verkehrssystems sammeln sich in den Innenstädten Geschäfts- und Bürohäuser an, die die Bodenpreise und damit auch die Mieten in die Höhe treiben. Dichter werdender Autoverkehr und hohe Wohnungskosten lassen die Bevölkerung in die Randbezirke abwandern. Um die größeren Entfernungen zu überbrücken, schaffen sich die Pendler Autos an. Hierdurch nimmt der Verkehr in den Städten weiterhin zu, was zusätzliche Abwanderungen zur Folge hat. Es entstehen breite Straßen, die die Innenstädte mit den Wohngebieten verbinden und damit den Verkehrslärm auch in die Vororte tragen. Der Einzugsbereich der Großstadt dehnt sich auf diese Weise immer weiter aus. »Jenseits einer kritischen Geschwindigkeit«, so faßt Illich diese Entwicklung zusammen, »schaffen Motorfahrzeuge entfremdende Entfernungen, die nur sie überbrücken können«[80].

11. Menschenrechte in einer automobilen Gesellschaft?

Das Auto sehen viele als ein Symbol der Freiheit an. »Mobilität«, zu deutsch »Beweglichkeit«, entwickelte sich zu einem magischen Wort, das man fast durchweg mit Pkw-Verkehr in Verbindung bringt. Nur der eigene Wagen bietet der allgemeinen Auffassung nach die Möglichkeit, jeden gewünschten Ort zu erreichen. Führerscheinentzug wird auf diese Weise zu einem schweren Eingriff in die persönliche Freiheit gleich der Haftstrafe und darf deshalb nur dann erfolgen, wenn sich der Betroffene schwerer oder sehr vieler Vergehen gegen die Straßenverkehrsordnung schuldig gemacht hat. Daher steht die Flensburger Punktekartei immer wieder unter Beschuß, weil es möglich ist, allein wegen falschen Parkens den Führerschein entzogen zu bekommen, und zwar nach 18 Anzeigen aus diesem Grund innerhalb von zwei Jahren.

Autofahrer weisen staatliche Eingriffe in den Straßenverkehr, sobald sie den bestehenden Zustand zu Ungunsten des Pkws verändern, empört zurück. An der Diskussion um Richtgeschwindigkeit und Geschwindigkeitsbegrenzung auf 130 km/h für Autobahnen nahmen die Kraftfahrzeuginteressenverbände lebhaft teil — und obwohl feststeht, daß zur Senkung der Unfälle Geschwindigkeitsbegrenzung sinnvoller ist, führte man die Richtgeschwindigkeit ein. Denn, so wird argumentiert, »freie Fahrt für freie Bürger«. Damit bleibt die Bundesrepublik weiterhin das einzige Land der Welt, auf dessen Autobahnen beliebig schnell gefahren werden darf. Durch die Richtgeschwindigkeit wird den Fahrern nur empfohlen, 130 nicht zu überschreiten. Wer trotzdem schneller fährt, begeht keinen Verstoß gegen das Gesetz. Zwar hört man häufig, die Autofahrer seien so vernünftig und hätten im Durchschnitt auf Autobahnen eine Reisegeschwindigkeit von 117 bis 120 Kilometer pro Stunde[81], aber dieser Mittelwert setzt sich aus niedrigen von 80 km/h bis zu hohen von 150 km/h und mehr zusammen. Wie jedoch verkehrswissenschaftliche Untersuchungen zeigen[82], führen neben schnellem Fahren auch große Geschwindigkeitsunterschiede leicht zu Unfällen. Nicht nur die durchschnittliche Reisegeschwindigkeit sollte niedrig liegen, sondern auch die Zahl der Wagen, die von ihr vor allem nach oben abweichen.

Auf sehr wenig Gegenliebe stößt das verkehrsfreie Wochenende — nach einer Umfrage der Wickert-Institute lehnen es 88 Prozent aller

Autofahrer ab[83]. Hierbei wurde allerdings das Ergebnis in gewisser Weise vorherbestimmt, indem man sich bei der Auswahl der Befragten nur auf Autofahrer beschränkte und damit die Meinung von 60 Prozent der Bevölkerung unberücksichtigt ließ. Bezeichnenderweise verschweigt die Deutsche Automobil-Revue vom Mai 79 in dem Artikel »Muß die neue Krise kommen?«, daß die angeführte Umfrage nur die Auffassung von Kraftfahrern wiedergab.

Der bestehende Verkehrszustand ist für viele etwas, auf das sie ein Recht zu haben glauben. Einige meinen sogar, daß die Möglichkeit, ein Kraftfahrzeug zu besitzen und zu steuern, nach dem Grundgesetz alle haben müssen. Sie zitieren gerne Artikel 2: »Jeder hat das Recht auf die freie Entfaltung seiner Persönlichkeit...«

»Das Auto«, argumentieren sie, »gehört mit zu meiner freien Persönlichkeitsentfaltung, es macht mir Spaß zu fahren. Ohne Auto könnte ich mich nicht beliebig fortbewegen, ich würde über Gebühr eingeengt.« Allein mit dem Wagen könne man, so meinen viele, Artikel 11 des Grundgesetzes erst voll in Anspruch nehmen: »Alle Deutschen genießen Freizügigkeit im ganzen Bundesgebiet.«

Dem zweiten Teilsatz des Artikels 2 Absatz 1: »...soweit er nicht die Rechte anderer verletzt...« und dem Recht auf körperliche Unversehrheit setzen Autofahrer häufig folgendes entgegen: »Ich schränke kein Recht der anderen durch mein Auto ein; ich habe noch niemanden angefahren, und wenn es mir trotz aller Vorsicht einmal passieren sollte, bekommt er ja Schadenersatz (ich bezahle immerhin dafür)« oder »das Auto ist, wie jedes Werkzeug, weder gut noch böse, es kommt nur darauf an, wie es verwandt wird. Ich benutze es nicht, um andere zu verletzen, sondern um mich fortzuwegen.«

Bei allen Argumenten geht jeder jedoch nur von *seinem* Auto und *seinem* guten Willen aus; es stimmt: das *einzelne* ist noch keine Behinderung für die anderen, noch keine übermäßige Gefährdung. Wenn es nur das *eine* Auto gäbe, wären alle Diskussionen über den Verkehr überflüssig. Aber leider treten Behinderungen und Belästigungen durch den Verkehr nicht vereinzelt auf, noch sind Unfälle vereinzelte Unglücke. Hiervon zeugen Zeitungsartikel wie der folgende:

»...Erfreulich war, daß der Pfingstreiseverkehr bisher weniger Opfer und Unfälle gefordert hat als vor einem Jahr. Von Freitag bis einschließlich Pfingstsonntag gab es in Nordrhein-Westfalen 828 Unfälle mit 18 Toten und 1133 Verletzten. Pfingsten 1978 waren es im gleichen Zeitraum 862 Unfälle mit 23 Toten und 1179 Verletzten.« (Bonner General-Anzeiger vom 5. Juni 1979)

Gut, daß man es ausdrücklich gesagt bekommt: »Nur« 18 Tote und 1133 Verletzte in Nordrhein-Westfalen haben über Pfingsten als »erfreulich« zu gelten.

Um 30 Autofahrern 30 Jahre lang einen Pkw zu ermöglichen, bringt man ein Menschenopfer, verstümmelt 9 Personen und verletzt 19 leicht[84]. Wenn durch einen Kernreaktor ein Mensch zu Schaden kommt, entsteht eine lebhafte Diskussion über das Für und Wider von Atomkraftwerken, 15 000 Verkehrstote im Jahr sprechen dagegen anscheinend nicht gegen den Pkw. Terroristen können mit 3 Ermordeten im Jahr eine ganze Nation beunruhigen und eine Reihe drastischer Gesetzesverschärfungen verursachen, Autofahrer schaffen mit einer halben Million Verkehrsgeschädigter pro Jahr nur halbherzige Ergänzungen.

Die Behauptung, daß Bürgersteige und Zebrastreifen einen schützen, wird auch durch ständige Wiederholung nicht richtiger. Es gibt genügend Fälle, in denen vollkommen Unschuldige verunglücken. Gelegentlich gerät ein Wagen, aus welchem Grund auch immer, auf den Gehweg und fährt dort einen Fußgänger an, der dann keine Chance mehr besitzt, unverletzt davonzukommen. Einige Zeitungsmeldungen sollen dies belegen:

»...Eine 27jährige Fahrerin aus Troisdorf war mit ihrem Fahrzeug ins Schleudern gekommen, auf den Bürgersteig gerast, gegen ein Verkehrsschild geprallt und gegen eine Hauswand geschleudert. Dabei wurde die Fußgängerin angefahren und schwer verletzt...« (Bonner General-Anzeiger vom 19.5.1978 unter der Überschrift: »Schleudernder Wagen verletzte Passantin schwer«)

»**BLIND VOR WUT** lenkte ein 35jähriger Autofahrer am Montagnachmittag seinen Wagen auf den Radweg der Elsa-Brandström-Straße und fuhr einen Zweiradfahrer an... Der 23jährige Radfahrer liegt schwerverletzt im Krankenhaus.« (Bonner General-Anzeiger vom 18.1.1978)

»Zu schwungvoll wendete ein 19jähriger Autofahrer auf der Rüdigerstraße einen Pkw. Dabei geriet er auf den Gehweg, wo er einen 70jährigen Fußgänger 'säbelte'. Dieser wurde schwer verletzt und mußte ins Krankenhaus.« (Bonner General-Anzeiger vom 13.2.1978 unter der Überschrift: »Fußgänger 'gesäbelt'«)

Das Risiko, einen Verkehrsunfall zu erleiden, ganz gleich, ob mit dem eigenen Wagen, dem Rad oder zu Fuß, läßt sich auf Grund von Statistiken durch einen festen Wert angeben. Man muß es regelmäßig eingehen und gewahr sein, auf der Straße zu verunglücken. Unter diesem Gesichtspunkt schränkt der heutige Verkehr das Recht auf körperliche Unversehrtheit ein. Das Oberverwaltungsgericht Rheinland-Pfalz nannte in einem Urteil vom 8. Dezember 1953 unter anderem »das Recht auf ungefährdete Benutzung der Straßen« als eines der Rechte, hinter denen die freie Entfaltung der Persönlichkeit zurückstehen müsse[85]. Seit fast 30 Jahren scheint noch niemand auf den Gedanken gekommen zu sein, dieses Urteil in seiner ganzen Bedeutung in die Tat umzusetzen. Denn es verlangt im Prinzip, jegliche nicht lebensnotwendige Motorisierung abzuschaffen.

Neben Unfällen charakterisieren Lärm und Abgase den Straßenverkehr. Wegen der erwiesenen gesundheitlichen Schäden schränkt die schlechte Luft die körperliche Unversehrtheit der Städter ein. Auch die Würde des Menschen, garantiert durch Artikel 1 Absatz 1 des Grundgesetzes, wird durch die Umweltbelastungen verletzt; sie setzt nämlich voraus, daß Bedingungen geschaffen und erhalten werden, die ein menschenwürdiges Leben ermöglichen, so das »Recht auf reines Wasser, reine Luft, lärmfreie Stille und erholsame Landschaft«[92]. Der Verkehr beschränkt sich jedoch nicht nur auf einige wenige Ballungszentren, sondern er ist ständig und überall, so daß »lärmfreie Stille« schon allein deshalb für viele Menschen etwas Unbekanntes geworden ist.

Aber selbst das »Recht auf die freie Entfaltung seiner Persönlichkeit«, auf das Autofahrer so gerne pochen, schränkt der Personenwagen für einige ein. Wer zu seiner Selbstentfaltung zählt, sich aus eigener Kraft fortzubewegen, wie es noch vor einem halben Jahrhundert die meisten Menschen taten, stößt schnell an Grenzen. Die kürzesten Verbindungen zwischen Ortschaften bleiben immer mehr dem Kraftfahrzeugverkehr vorbehalten, so daß Fußgänger und Radfahrer auf Umwegen die Strecke bewältigen und so große Zeitverluste einstecken müssen, die nichts mit Zufußgehen zu tun haben. Schmaler werdende Gehwege und verbreiterte Straßen verhindern für sie eine zügige Fortbewegung in den Städten. Neue Bundesstraßen sehen, wenn überhaupt, nur streckenweise schmale Streifen für Nichtmotorisierte vor. Autobahnen zerschneiden die Landschaft in zwei Teile, die nur an wenigen Stellen durch Brücken verbunden sind.

Auch das Recht auf Freizügigkeit wird durch den Kraftfahrzeugverkehr für einen großen Teil der Bevölkerung beschnitten. Selbst wenn jede Familie einen Wagen besitzen sollte, was noch lange nicht zutrifft, kann ihn nur einer ständig benutzen, denn meistens haben die einzelnen verschiedene Ziele. Je weiter der Personenwagen den nichtmotorisierten und öffentlichen Verkehr zurückdrängt, desto mehr nimmt die Zahl der Leute ab, die überallhin gelangen können. Der »Aktionsradius« von älteren Menschen, Kindern, Hausfrauen, finanziell schwächer gestellten Familien und Personen, die zum Führen eines Kraftfahrzeugs ungeeignet sind, nimmt durch die Zunahme des Pkw-Verkehrs ab[84].

Das Recht auf Eigentum, garantiert durch Artikel 14, verletzt der Verkehr gelegentlich auch. Neu angelegte Schnellstraßen durch Wohngebiete oder dichtere Fahrzeugfolge wegen geänderter Verkehrsführung entwerten durch Lärm, Erschütterung und Luftverschmutzung entschädigungslos Grundstücke und Gebäude[100]. Fallende Mieten bringen vielfach den Hausbesitzern auch nachweisbare Verluste.

Der gesamte Straßenverkehr ist auf Ungleichberechtigung der Verkehrsteilnehmer aufgebaut. Nur den Autofahrern steht ein zusammenhängendes Straßennetz zur Verfügung, Nichtmotorisierte müssen sich mit unterbrochenen Wegstücken und den schon erwähnten »Ringen um Häuserblocks« begnügen. Mit zunehmendem Verkehr gehen vielerorts Verbreiterung der Fahrbahnen, Verlängerung der Grünphasen für die Fahrzeuge und Abnahme der Anzahl von Zebrastreifen Hand in Hand. Da der Raum in den Städten und die verfügbare Zeit nicht zunimmt, geht dies nur auf Kosten der Fußgänger. Jeden Platz und jedes Recht, das den Autos neu gegeben wird, müssen die Nichtmotorisierten abgeben. Bürgersteige schrumpfen, und der Rest dient als Parkplatz. Nur noch langsam kommt man zwischen den abgestellten Wagen und den Häuserwänden vorwärts; entgegenkommende Leute zwingen einander, alle paar Meter zwischen zwei abgestellte Wagen auszuweichen; überholen ist fast unmöglich. »Jenseits einer kritischen Geschwindigkeit«, faßt Illich diese Entwicklung zusammen, «kann niemand Zeit 'sparen', ohne daß er einen anderen zwingt, Zeit zu 'verlieren'«[93]. In einer motorisierten Gesellschaft kann einer nur gewinnen, wenn ein anderer verliert. Wer gewinnt und verliert, bestimmen die Straßenverkehrsgesetze, oder besser gesagt, deren einseitige Auslegung. Wie weit läßt sich das mit dem Gleichheitsgrundsatz (Artikel 3) vereinbaren? Ist es, zum Abschluß gefragt, mit der Menschenwürde, die der Staat nach Artikel 1 des Grundgesetzes zu achten und zu schützen hat, vereinbar, daß Kinder auf den Verkehr »abgerichtet« werden und daß sich jeder den Erfordernissen des Autoverkehrs fast bedingungslos unterordnen muß?

Leider bekommen nicht nur Kraftfahrer die vom Verkehr erzeugten Schäden zu spüren, bei denen man unter Umständen von einem stillschweigenden Einverständnis sprechen könnte, sondern die gesamte Bevölkerung. Es gibt heute keinen kostspieligeren Luxus, als ohne Autolärm, -gestank und -gefährdung den größten Teil seines Lebens verbringen zu können.

Nach der Rechtsauffassung der Autofahrer, wie sie sich in Illustrierten, Zeitungen und Autofahrerzeitschriften zeigt, bedeuten

1. das Recht auf freie Persönlichkeitsentfaltung die Möglichkeit, jederzeit und überall mit möglichst wenigen Einschränkungen einen Pkw steuern zu können,

2. das Gleichberechtigungsprinzip die Auffassung, daß jeder die gleichen Nachteile des Verkehrs tragen soll; dies läßt sich nur erreichen, wenn sie auf Fußgänger abgeschoben werden — denn zu diesen Verkehrsteilnehmern gehört jeder wenigstens für kurze Zeit,

3. das Recht auf Freizügigkeit die Pflicht des Staates, für genügend Straßen zu sorgen, auf denen man mit dem Wagen jeden Ort erreichen kann,

4. das Recht auf Eigentum die Berechtigung, den Gehweg vor dem Haus als privaten Parkplatz ansehen zu dürfen.

Aus der Windschutzscheibenperspektive eine klare Sache. Immerhin leben wir in einem Rechtsstaat — oder?

Übung Nr. 4
Mein Recht auf freie Selbstentfaltung

Ich sehe nicht ein, weshalb ich auf mein Auto verzichten sollte. Das Fahren macht mir nämlich Spaß. Wenn ich das ständige Gerede der Anti-Auto-Kämpfer höre, die uns unser Vergnügen miesmachen wollen, dann kommt mir allmählich die Galle hoch. Die sollten sich mal bewußt machen, daß sie mit ihrer Kampagne im Prinzip das Grundgesetz abschaffen wollen! Immerhin ist darin das Recht auf freie Selbstentfaltung verbrieft. Und wie kann man sich selbst entfalten, wenn einem eins der elementarsten Bedürfnisse, nämlich sich frei zu bewegen, beschnitten wird? Wer gegen Autos ist, braucht ja nicht zu fahren; kein Autofahrer wird ihn zwingen, sich ein Kraftfahrzeug anzuschaffen. Aber man sollte doch wenigstens so tolerant sein, denjenigen, denen das Fahren Spaß macht, nicht in ihre persönlichsten Angelegenheiten zu fuschen. Die Autogegner zeigen durch ihre Propaganda nur zu deutlich ihre Intoleranz.

Eigentlich müßten sie sogar froh sein, daß es genügend Leute gibt, die ihren eigenen Wagen fahren. Unser ganzer Lebensstandard beruht auf diesem Industriezweig. Immerhin verdient jeder siebte durch den Individualverkehr seine Brötchen. Die ganze Wirtschaft müßte zusammenbrechen, wenn man den Pkw abschaffte. Das sind eben die Gesetze der freien Marktwirtschaft!

Wie stellen sich diese Leute denn überhaupt eine Gesellschaft ohne Individualverkehr vor? Wo bekäme man die ganzen Busse und Fahrer her, die jeden Morgen den Berufsverkehr zu bewältigen hätten? Zwischen den Rush-hours wären sie ja arbeitslos. Ich frage Sie, welche Stadt kann sich eine derartige Überkapazität leisten? Und wer will ständig in überfüllten Bussen fahren?

In Wirklichkeit sind es nicht die Autogegner, die sich beschweren müßten, sondern wir Autofahrer. Wir werden regelmäßig zur Kasse gebeten, wenn Vater Staat Geld braucht, um andere Bereiche zu subventionieren. Die Bundesbahn verschlingt Milliarden, die wir über Benzin- und Kraftfahrzeugsteuer wieder einbringen müssen!

Das ganze Palaver über Energiekrise ist doch Kokolores! Benzin reicht noch mehrere Jahrzehnte, und dann wird die Technik so weit sein, günstig Kraftstoff aus Kohle zu gewinnen. Neue Energiequellen werden erschlossen, von denen die Miesmacher keinen blassen Schimmer haben. Und dann heben sie noch ihren Zeigefinger!

Bei den Unfällen sollten sie erst recht den Atem anhalten. Nicht im Straßenverkehr passiert das meiste, sondern in Haushalt und Industrie. Wenn man bedenkt, daß sich im Jahr mehrere hundert in Supermärkten an Einkaufswagen verletzen, oder wieviele Leute von einer Leiter fallen! Weshalb wenden sie sich denn nicht gegen Einkaufswagen und Leitern? Doch nur, weil sie im Auto schon den Sündenbock gefunden haben.

Es gibt eben Leute, die gegen alles meckern müssen, was sich unsereins schwer erarbeitet hat. Bei vielen ist es auch nur der Neid. Wenn sie erst die Piepen hätten, sich einen Kleinwagen zu leisten, so wären sie plötzlich brave Autofahrer und müßten sich einen anderen Sündenbock suchen.

12. In der Sackgasse angelangt?

Unsere Gesellschaft ist durch den privaten Autoverkehr gekennzeichnet. Der Personenwagen rückte seit Jahrzehnten immer mehr in den Mittelpunkt und bildet inzwischen gemeinsam mit dem Fernsehen den Lebensinhalt vieler Menschen. Man sieht in ihm ein Gerät, das es erst ermöglicht, sich frei und ungezwungen zu bewegen, in kurzer Zeit jeden gewünschten Ort zu erreichen und bequem Gegenstände bis zur Größe kleiner Möbelstücke transportieren zu können. »Mobilität« wuchs zu einem magischen Wort heran, das die Zeit die der Mensch besitzt, scheinbar wertvoller macht. Geschwindigkeit, Sportlichkeit, Arbeitserleichterung, Rationalität, Freizeit und Lebensfreude werden dem Pkw zugeschrieben.

Das Auto stellt nach Meinung vieler die Krönung des technischen Fortschritts dar. Erst seine Erfindung ermögliche den modernen Lebensstil, der die Menschen unseres Jahrhunderts mit so viel Stolz erfüllt. Dank der erhöhten Mobilität lerne man Entfernungen richtig kennen, erfahre mehr über fremde Sitten und Gebräuche und könne am Wochenende der drückenden Großstadtatmosphäre entfliehen. Die Schönheit der Natur lasse sich am besten durch die Windschutzscheibe aus bequemen Polstersesseln genießen, die ein Stück Heimat in der Fremde darstellen. Das Fahren selber empfinden viele als Entspannung, der man sich am Abend gerne für ein Weilchen hingibt, um die Anstrengungen des Tages zu vergessen. Man fährt Auto, um Wege zurückzulegen, und vor allem, weil es Spaß macht.

Den strahlend blauen Verkehrshimmel, den noch viele zu sehen glauben und den Werbung und Autozeitungen vorgaukeln, verhängen jedoch inzwischen schwarze Regenwolken. Täglich kriechen Millionen Autos in langen Staus langsam vorwärts, der sommerliche Sonntagsspaziergang beginnt in drückender Luft und ständigem Lärm auf Autobahnen und Landstraßen. Unfalltote und -verletzte sind der Preis für hohe Geschwindigkeit, verstopfte Straßen und überfüllte Parkplätze folgen der Massenmotorisierung auf Schritt und Tritt. Mehr Autos fordern breitere Fahrbahnen und größere Abstellflächen, und da der Platz in den Innenstädten nicht zunimmt, müssen ihn die anderen Verkehrsteilnehmer abgeben. Bürgersteige, Rad- und Wanderwege weichen großzügig angelegten Straßenbauten und Autobahnen. Verstopfte Kreuzungen und Staus wirken auf den nichtmotorisierten Verkehr zurück. Längere Grünphasen sollen den Kraftfahrzeugverkehr flüssiger machen, gleichzeitig haben Fußgänger wegen verlängerter Rotphasen mehr zu warten. Grüne Wellen beschleunigen Fahrzeuge, die über 40 fahren, und verlangsamen alle unter 30. Kraft und Gewicht der Wagen erzeugen eine Ellbogenmentalität, so daß vor allem die schwächeren Glieder der Gesellschaft, Kinder, ältere Leute und Behinderte, auf immer mehr Rechte zugunsten der Kraftfahrer verzichten müssen.

Das Auto gehört zu den technischen Errungenschaften, die kleine effektive Leistungen für große Energiemengen erbringen. Sein Wirkungsgrad liegt niedrig und läßt sich auch durch Verbesserungen nur begrenzt heben. Da neben den Autos auch andere energieverschlingende Maschinen den rohstoffschonenden überall den Rang ablaufen, entstand die sogenannte Energiekrise. Sogenannt, weil es nicht zu wenig Energie gibt, sondern zu viel unersetzlicher Rohstoff vergeudet wird[77]. Mit der Verschwendung fossiler Brennstoffe geht auch Umweltverschmutzung einher; die Verbrennungsrückstände Ruß, Kohlendioxid, Kohlenmonoxid, Stickstoff- und Schwefelverbindungen, Kohlenwasserstoffe, Benzindämpfe und Schwermetalle rufen Gesundheitsschäden hervor. Berge von alten Reifen und Autowracks wachsen an und verschandeln die Landschaft, asphaltierte Straßen ersticken sämtliches Leben unter sich, und Streusalz im Winter bedroht die Pflanzen.

Die Schädigung des einzelnen durch den Kraftfahrzeugverkehr hat inzwischen ein Ausmaß erreicht, daß die Grundrechte verletzt werden. Unfälle und Umweltverschmutzung schränken das Recht auf Leben und körperliche Unversehrtheit ein, der freien Persönlichkeitsentfaltung setzt der Pkw Grenzen. Das Recht auf Freizügigkeit wird dem genommen, der sich ohne Wagen fortbewegen will, einigen Leuten zerstört der Verkehr unentschädigt Eigentum.

Alles zusammen macht deutlich, daß die bestehende Verkehrssituation dringend veränderungsbedürftig ist. Die einleuchtendste Folgerung, die aus den gesamten Nachteilen zu ziehen wäre, bestünde in der Abschaffung des Pkw-Verkehrs und in der Beschränkung der Busse und Bahnen auf das unbedingt Notwendige. Die wichtigsten Verkehrsmittel sollten für gesunde Leute die eigenen Beine und das Fahrrad sein[77]. Zu dieser Forderung kann sich jedoch nur eine Minderheit durchringen, und sei es nur wegen des Anklangs der Radikalität; für die meisten Kritiker des Verkehrs und die Politiker ist sie indiskutabel. Die meisten Vorschläge gehen daher von der Voraussetzung aus, weiterhin den motorisierten Individualverkehr beizubehalten, ihn aber durch Gesetzesänderungen menschlicher zu machen. Eine mögliche Alternative zum heutigen Verkehrsterror wäre, diese Vorschläge in die Tat umzusetzen.

Um die Unfallflut einzudämmen, müßte man in erster Linie die Geschwindigkeit erniedrigen, wie verkehrswissenschaftliche Untersuchungen zeigen[97]. Auf Nebenstraßen, in der Nähe von Kindergärten, Schulen und Altersheimen dürfte nicht über 30 Stundenkilometer, auf Durchgangsstraßen höchstens 50 zugelassen werden. Die Neufassung der Straßenverkehrsordnung vom 1. August 1980 sieht die schon lange vorgeschlagenen Wohnstraßen vor, auf denen nur Schritt erlaubt ist. Ob im Laufe der nächsten Zeit viele schwach befahrene Nebenstraßen in Wohnbereiche umgewandelt werden, bleibt abzuwarten. Die zur Geschwindigkeitsbegrenzung häufig vorgeschlagenen Schwellen auf der Fahrbahn werden dagegen wirkungslos und eine Unfallquelle sein. In den gut gefederten Personenwagen spürt man sie kaum und rast daher trotzdem, obwohl sie sich dann sehr nachteilig auf den Kontakt zwischen Reifen und Straße auswirken. Radfahrer erfahren sie als heimtückische Fallen, wenn sie die Kanten nicht senkrecht, sondern schräg anfahren, was Kinder beim Spielen häufig tun, weil ihre gewünschte Bewegungsrichtung nicht mit dem Straßenverlauf übereinstimmt. Straßen, die man nur mit nichtmotorisierten Fahrzeugen benutzen darf, könnten die Stadt attraktiver für das Fahrrad machen[102] und auf diese Weise den Kraftfahrzeugverkehr ohne gesetzliche Reglementierungen etwas einschränken.

Die Attraktivität der Städte steigt für Fußgänger, wenn man ihnen an den Straßenkreuzungen den Vortritt einräumt. Zebrastreifen allein bieten jedoch keinen ausreichenden Schutz; nicht die Fußgänger sollten an diesen Stellen auf Fahrbahnhöhe herabsteigen, sondern die Autos auf das Niveau des Bürgersteigs hinauffahren[91]. Dies bildet zwar kein großes Hindernis für das Fahrzeug, wohl aber eine psychologische Barriere, denn der Kraftfahrer fährt nun auf den Gehweg. Hierdurch ginge die Fahrgewindigkeit und damit auch die Unfallwahrscheinlichkeit zurück.

Kinder verunglücken häufig, wenn sie zwischen abgestellten Autos hindurch auf die Straße treten. Die einzige Möglichkeit, diese Unfälle zu verhindern, besteht darin, das Parken von Wagen am Fahrbahnrand einzuschränken. Eine Verpflichtung für alle Kraftfahrer, über eine Garage oder einen Abstellplatz zu verfügen, wäre zum Beispiel kombiniert mit Park- und Halteverboten ein geeigneter Lösungsbeitrag. Wer als Autobesitzer keine Parkgelegenheit nachweisen kann, hat eine monatliche Gebühr zu entrichten, die die durchschnittliche Garagenmiete in dem Ort überschreiten muß. Damit die Autos, die weiterhin auf der Straße parken, keine Gefahr für Kinder darstellen, sollten öffentliche Abstellplätze so angelegt werden, daß zwischen den abgestellten Wagen und der Fahrlinie der Autos mehrere Meter liegen, zum Beispiel durch die Anordnung Gehweg — Abstellplatz — schmaler Grasstreifen — Radfahrweg — Fahrbahn. Wo dies die räumlichen Verhältnisse nicht erlauben, muß Halten für Autos verboten sein. Hohe Parkgebühren könnten überdies den Anreiz bieten, nicht mehr mit dem eigenen Wagen den innerstädtischen Verkehr zu belasten. Parkuhren sind weder eine sinnlose Schikane noch helfen sie den Kommunen aus Finanzmiseren heraus, wie Autofahrer gern behaupten[99], sondern schützen die Städte vor dem Pkw-Infarkt. Eigene Spuren für die öffentlichen Verkehrsmittel erhöhen ihre Attraktivität und brächten vielleicht auch einige eingefleischte Autofahrer zum »Umsteigen«. Allerdings dürften die Busse auch nicht zu beliebt werden, daß schließlich auch Leute mit ihnen fahren, die sonst zu Fuß gingen oder das Rad benutzten; alle Maßnahmen müßten darauf abzielen, die Reihenfolge 1. nichtmotorisierter Verkehr, 2. Busse und Bahnen, 3. private Kraftfahrzeuge zu fördern.

Außerhalb von Ortschaften müßte die Geschwindigkeit vor allem dort sinken, wo keine Fußgänger- und Radfahrwege zur Verfügung stehen. Je nach Breite und Verkehrsdichte wären 50 bis 70 km/h zu verantworten. 100 km/h liegt viel zu hoch, verglichen mit der Geschwindigkeit eines Fußgängers oder Radfahrers. In derselben Zeit, in der man zu Fuß eine 6 Meter breite Fahrbahn überquert, ist ein Pkw bei 100 km/h volle 120 Meter näher gekommen. Bei einem Radfahrer, der zum Überqueren aus dem Stand beschleunigen muß, sind es immerhin noch rund 70 Meter. Bei einer vierspurigen Bundesstraße schafft das Auto in der Zeit, in der sich der Fußgänger auf der Straße befindet, einen viertel Kilometer, bei einem Radfahrer 100 Meter[104]. Dem Bundesstraßen- und Autobahnnetz müßte ein gleichgut ausgebautes

Radfahrnetz gegenüberstehen. Die Errichtungskosten liegen wegen geringen Gewichts und Breite der Fahrzeuge im Vergleich zu einer einfachen Landstraße sehr niedrig. Der fast wirkungslosen Richtgeschwindigkeit auf Autobahnen sollte im Interesse aller, die den Wagen als Fortbewegungsmittel und nicht zur Selbstbestätigung und zur Erfüllung »geheimer Wünsche und Triebe« benutzen, einer Geschwindigkeitsbegrenzung weichen[97], für die 130 km/h noch zu hoch läge.

Neben dem Unfallrisiko senken die Maßnahmen zusätzlich die Lärmbelästigung in Städten und in der Nähe von Bundesstraßen und Autobahnen. Grüne Wohnstraßen verbessern auch erheblich die Stadtluft. Aber gerade Geschwindigkeitsbeschränkungen stoßen bei Kraftfahrern auf Widerwillen. Es werden Argumente ersonnen, um etwaige Gedanken hieran zu zerstreuen. Da es nun einmal nicht gelingt, den positiven Einfluß von Tempo 30 auf Unfallstatistik und Lärmbelästigung zu widerlegen, greifen einige auf ein Gutachten zurück, nach dem Autofahrer die Beschränkung ignorieren, nachts in Wohngebieten 30 zu fahren[103]. »Was nützt es«, argumentieren sie, »eine Bestimmung zu erlassen, wenn sich kaum jemand danach richtet?« Ein Gesetz ist also überflüssig, wenn zu erwarten steht, daß viele dagegen verstoßen werden. Auch eine Rechtsauffassung!

Um die Geschwindigkeitsbeschränkungen durchzusetzen, muß die Polizei dazu organisatorisch und technisch gut ausgestattet werden[97]. Der einzelne Autofahrer sollte den Sinn der Bestimmungen einsehen, die Gründe für Unfälle kennen[97] und vor allem sich richtig einschätzen lernen. Wirksamer als das »Abrichten« der Kinder auf den Verkehr ist eine gründliche »Erziehung« der Autofahrer. Es reicht nicht aus, daß sie Verkehrsregeln und Fahrtechnik einwandfrei beherrschen, sondern sie müssen sich auch ihrer eigenen Unzulänglichkeit und der moralischen Verantwortung bewußt sein, die ihnen die Verwendung einer gefährlichen Maschine wie des Kraftfahrzeugs aufbürdet. Anstelle des Führerscheins auf Lebenszeit sollte er befristet und auf Bewährung ausgestellt werden. Größerem Verantwortungsbewußtsein könnten Fahrtenschreiber nachhelfen[97]. Sie vorläufig auf freiwilliger Basis einzuführen und nur zur Entlastung des Fahrers und »zur Sicherstellung berechtigter Ansprüche von Unfallopfern und dem Schutz der Beteiligten vor Fehlurteilen« zuzulassen, wie der 18. Verkehrsgerichtstag im Januar 1980 vorschlug[98], müßte man jedoch ablehnen, weil er ungleiche Ausgangssituationen bei einem

Rechtsstreit schaffte. Wenn der Fahrtenschreiber nur zugunsten des Besitzers herangezogen werden darf, geht seine erzieherische Bedeutung verloren und wird rasch zu einem Mittel gegen die anderen Verkehrsteilnehmer, vor allem Fußgänger und Radfahrer, die keinen Unfallschreiber zu ihrer Entlastung mitführen können.

Bei einer Geschwindigkeitsbeschränkung auf Autobahnen von zum Beispiel 100 km/h haben Spitzengeschwindigkeiten von mehr als 110 km/h keinen Sinn[75]. Neben hohem Gewicht, großer Beschleunigung und Leistung heben sie nur den Verbrauch und damit die Abgasmenge. Eine Beschränkung dieser Werte auf ein vernünftiges Maß nähme Autofahrern überdies die Möglichkeit, mal eben zum Spaß stark zu beschleunigen und auf diese Weise kritische Verkehrslagen heraufzubeschwören. Herabsetzung der Emissionswerte schädlicher Abgase und des Lärms sänkten die Umweltverschmutzung um ein Weiteres.

Schließlich sei noch das autofreie Wochenende erwähnt. Alle bisherigen Vorschläge sprechen von einem Tag im Jahr — ein Tropfen auf dem heißen Stein. Wenn überhaupt etwas davon spürbar sein sollte, müßte man mindestens ein ganzes Wochenende pro Monat verlangen. Autofahrer wehren sich allerdings schon energisch gegen den einen Tag, obwohl man ihn kaum als Einschränkung ansehen kann; vielleicht befürchten sie, daß man durch ihn auf den Geschmack käme und mehr verlangte. An Gegenargumenten fehlt es ihnen jedenfalls nicht. Angefangen mit dem Bankrott der Ausflugslokale (ein verregnetes Wochenende bringt sicher mehr Einbußen als ein autofreies) über die zu kleine Energieersparnis bis zur Angst vor Handgreiflichkeiten gegen Autofahrer, die an verkehrsfreien Tagen — ob erlaubt oder unerlaubt — fahren[105] (ob diese Handgreiflichkeiten mehr Tote und Verletzte forderten als der Verkehr an einem Sonntag, und vor allem, ob sie überhaupt stattfänden?) ist alles vertreten. An die Rechte der Nichtmotorisierten denken jedoch nur die wenigsten.

Sämtliche Alternativen leiden an einem Mangel: sie versuchen, einen logisch begründbaren Kompromiß zwischen dem Nutzen und den Nachteilen des bestehenden Verkehrszustands zu finden. Aber gerade logische Überlegungen sind fehl am Platze, weil der heutige Verkehr nicht auf Logik, sondern auf Emotionen beruht. Der Pkw dient nicht in erster Linie als Verkehrsmittel — als solches wäre er wegen seiner Unwirtschaftlichkeit schon längst anderen Transportsystemen gewichen — sondern überwiegend als Statussymbol, als Spielzeug und zur Kompensation von Minderwertigkeitsgefühlen. Die persönlichen Gefühle, die einen mit seinem Wagen verbinden, versteckt man unter einer rationalen Maske. Eine Scheinlogik dient dazu, logische Argumente zu widerlegen und den eigenen Wagen zu rechtfertigen. Die Automobilhersteller, am Absatz ihrer Fahrzeuge interessiert, unterstützen diese Scheinlogik und bauen sie aus, die Erziehung trichtert sie den Kindern durch Verkehrsunterricht, Spielzeugreklame, Zeitschriften und durch die Umweltbedingungen ein.

Die Slogans und Schlagwörter der Autobefürworter hört man überall und ständig. Da alle sie kennen und kaum jemand hinterfragt, erscheinen sie als der Weisheit letzter Schluß. Wegen ihres Bekanntheitsgrades können sie nach Meinung der Mehrheit nur zutreffen, und damit ist alles falsch, was ihnen widerspricht. Ein aus dem Schlagwortvorrat passend herausgesuchtes Scheinargument dient dazu, jede Behauptung, die mit der Autoideologie bricht, rasch zu widerlegen.

Das Märchen von der Mobilität, die nie so groß war wie heute, räumt aus Autofahrersicht mit sämtlichen Rechnungen über die verallgemeinerte Geschwindigkeit auf; gegen die Abhängigkeit vieler von motorisierter Fortbewegung führen diese den Slogan »das Auto macht frei und unabhängig« an. Die Forderung »freie Fahrt für freie Bürger« wirft aus der Windschutzscheibenperspektive die Notwendigkeit von Geschwindigkeitsbegrenzungen über den Haufen. Fehlen passende »Argumente«, so genügt es gelegentlich auch, den Kritiker mit einem entsprechenden Titel zu beehren: Wer das Auto wegen der Verkehrstoten angreift, heißt schnell »Leichenausschlachter«; »Anti-Auto-Kämpfer«, Miesmacher« und »Radikaler« passen so ziemlich immer.

Wer sich für diese »Argumentation« zu schade hält, hat noch die feine schmalspurwissenschaftliche Art zur Verfügung: Energieverschwendung durch das Auto erhält sein Kontra im Energieverbrauch von Heizungen und Öfen, die Nachteile durch den Pkw würden voll durch den Vorteil des Haus-zu-Haus-Verkehrs und der Möglichkeit aufgewogen, zum »Mitnahmepreis« in Möbelgeschäften zu kaufen oder ohne größere Anstrengung Gießkanne, Ziegelsteine und Spaten zum Schrebergarten zu bringen.

Gedankenlosigkeit und Schlagwörter argumentieren für den motorisierten Individualverkehr, Logik gegen ihn. Da Slogans bedeutend leichter als Logik verstanden werden (an Mathematik verzweifeln bekanntlich viele), haben Autogegner einen schwereren Stand als Autofreunde, es sei denn, sie bauen auch ein Schlagwortsystem auf.

Den bestehenden Verkehrszustand stützt darüber hinaus das Interesse der Autofahrer und das Desinteresse der übrigen an Verkehrsproblemen. Wer einen Wagen fährt, möchte im allgemeinen den Verkehr in der heutigen Form beibehalten und kämpft deshalb dafür. Wer keins besitzt, meint, der Verkehr gehe ihn nichts an. Entweder ignoriert man ihn soweit wie möglich und schimpft gelegentlich, um Dampf abzulassen, über den einen oder anderer Fahrer, oder man nimmt die Belästigungen wie eine Naturgewalt hin. Unfälle kümmern wenig, solange sie nur andere betreffen, und trifft es einen selber, ist es in vielen Fällen für einen Protest zu spät.

Prognosen erweisen sich häufig als falsch, eins scheint jedoch auch für die Zukunft zu gelten: Trotz aller Einwände fährt man weiterhin Auto.

Anmerkungen

1 Zur Geschichte des Verkehrs siehe KLINCKOWSTROEM 1959, S.123 ff, VOIGT 1965, S.361 ff, TREUE 1965, DÖBLER 1973

2 zitiert nach DÖBLER 1973

3 Bonner General-Anzeiger vom 31.12.1977: Schon im Kaiserreich wurden Verkehrssünder registriert

4 KOORDINIERTES INVESTITIONSPROGRAMM

5 Quelle: STATISTISCHES JAHRBUCH, VERKEHR IN ZAHLEN 1973

6 MICHAELIS 1961, S.94 f

7 BUNDESANSTALT FÜR STRASSENWESEN 1974

8 Robert Walthert: Straßenverkehrsunfälle in Zahlen. In: URSPRUNG 1973

9 Paul Kielholz: Alkohol, Drogen und Fahrtüchtigkeit. In URSPRUNG 1973; HOEN 1968

10 GASSNER 1974

11 MICHAELIS 1961

12 KNABE 1972. Diese Werte stimmen mit denen von 1969 überein und schwanken natürlich von Jahr zu Jahr

13 Zur Entwicklungspsychologie der Kinder siehe OERTER 1967, METZGER

14 PETER-HABERMANN 1979

15 HELLBRÜGGE 1970

16 HARTMANN 1978

17 Die Werte wurden nach den Angaben im STATISTISCHEN JAHRBUCH 1978 berechnet. Obwohl sie von Jahr zu Jahr voneinander abweichen, bleibt ihr Verhältnis zueinander, worauf es in diesem Zusammenhang ankommt, einigermaßen konstant.

18 BÖHM 1966

19 BÖHM 1966, S.47

20 Zahlen entnommen aus ZISWILER 1965

21 WEINZIERL 1974 und TROMMER 1974

22 Bonner General-Anzeiger vom 4.6.1978: Nisse Jörgensen: Wildwechsel werden zu Todesfallen

23 GÖGLER 1960, S.32 f

24 FIALA 1969

25 Heinz Eberle: Das medizinische Bild der Verletzten im heutigen Straßenverkehr, in: URSPRUNG 1973

26 HIPPEL 1975

27 PETER-HABERMANN 1979, S. 56 ff

28 STEGMANN 1978

29 MEINHOLD 1978

30 SAMPSON 1976, S.32 ff

31 siehe hierzu GRUHL 1975, SCHUMACHER 1977, AMERY 1976, ILLICH 1975

32 Die Zeit, Nr. 34, 12. August 1977. Jens Friedemann: Das Ende eines Traums

33 WELTATLAS ERDÖL UND ERDGAS

34 COMMONER 1977, S.44

35 DOLLINGER 1973

36 MEINHOLD 1978, S.158 f

37 W. Peters: Energie für die Welt von morgen. In: Das Parlament, 24.Jahrgang/ Nr. 30 - 31, Bonn, 27. Juli 1974

38 FRISCH 1977, S.94

39 In dem zugrunde liegenden Artikel von W. Peters: »Energie für die Welt von morgen« ist ein Tankstellenpreis von 1,05 DM angegeben. Berücksichtigt man, daß der Artikel Mitte 1974 geschrieben wurde, muß man bei den momentanen Kostensteigerungen etwa 40 Pfennig mehr annehmen.

40 TÜV-AUTO-REPORT '77, S.119: »Methanol — ein aussichtsreicher Alternativ-Kraftstoff für Kraftfahrzeuge«

41 Frankfurter Allgemeine Zeitung, 26. April 1978: »Wieviel Kohle gibt es in der Bundesrepublik?«

42 Frankfurter Allgemeine Zeitung, 24. Mai 1978: »Energievergeudung mit Wasserstoff?«

43 FRISCH 1977, S.134

44 Bernd Kubisch: Alternativen zum Benzin-Motor liegen in der Schublade, Bonner General-Anzeiger vom 20.4.1978

45 Frankfurter Allgemeine Zeitung, 25.10.1978: »Energieverschleiß mit dem Auto«

46 Der niedrige Wert für einen Durchlauferhitzer liegt am Wirkungsgrad von etwa 30 Prozent zur Stromerzeugung und zum Stromtransport; dasselbe trifft für jede Stromverwendung zu.

47 Zitat aus einer »Information des Bundesministeriums für Wirtschaft«

48 UMWELTPROGRAMM 1970

49 Wolfgang Eriksen: Stadtklimatische Belastungen, in: SCHULTZE 1972

50 TÜV-AUTO-REPORT '77

51 DEISCHL 1972 und Hans-Werner Schlipköter: Die Luftverunreinigung als gesundheitliches Problem, in: SCHULTZE 1972

52 H.-W. Schlipköter, Georg G. Fodor, Friedrich Pott, Michael Wagner, Gerhard Winneke: Untersuchung über die psychologischen und physiologischen Auswirkungen von Autoabgasen auf die Bevölkerung in Stadtgebieten, in: VDI 1974

53 25,46 Mio t Treibstoff erzeugen bei der Verbrennung 79,44 Mio t CO_2

54 CO_2 hat eine Dichte von 1,98 g/l. 79,44 Mio t CO_2 entsprechen also 40 Mrd m^3 CO_2

55 1 Prozent = 1/100; 1 Promille = 1/1000; 1 ppm = 1/1000000. ppm ist eine Abkürzung für parts pro million (Teile pro Million)

56 MARBURGER 1974, S.25 ff

57 BLUMER 1973, S.33 ff

58 BRAUN 1974, S.42 ff, BLUMER 1973, S.15 ff

59 Herbert Gruhl, Bundestagsrede vom 17.10.1975

60 SCHUG 1976, S.75 ff

61 Peter Josef: Darüber spricht man nicht (Nahrung von verseuchten Feldern, ARD Sendung vom 8.9.1978, Bayrischer Rundfunk)

62 GOBRECHT 1970

63 Werner Klosterkötter: Unausstehlich, unerträglich, in: Umwelt, Hrsg.: Verein Deutscher Ingenieure, Heft 1/73; LÖBSACK 1963

64 ENGELHARDT 1977, S.138

65 ULRICH 1971

66 Werner Klosterkötter: Lärmwirkung auf den Menschen, in: SCHULTZE 1972

67 VDI 1974

68 Zur Werbepsychologie und zu den Werbemethoden siehe ROSENSTIEL 1969, MUCCHIELLI 1972, HOLZSCHUHER 1969, GUTJAHR 1974, ASENJO 1972; zur Werbung allgemein BACKMAN 1971, BOCKSTAHLER 1973; zur politischen Propaganda HUNDHAUSEN 1975

69 MUCCHIELLI 1972, S.12

70 DOLLINGER 1972, S.16

71 OERTER 1967

72 OERTER 1967, S.151

73 BERGER 1973

74 DOLLINGER 1972, S.117

75 LINSER 1977

76 GORZ 1977, S.89

77 ILLICH 1974

78 Auto-Katalog 1980, Vereinigte Motor-Verlage GmbH & Co KG, Stuttgart

79 ILLICH 1974, S.39 f

80 ILLICH 1974, S. 34

81 Deutsche Automobil Revue, Mai 79, Nr. 5, S. 7 ff. Heiner Emde: Muß die neue Krise kommen?

82 BUNDESANSTALT FÜR STRASSENWESEN 1974

83 Bonner General-Anzeiger vom 3.4.1978: Sonntagsfahrverbot stößt auf wenig Gegenliebe

84 Karl Oettle: Der Verkehr, der Einzelne und die Gesellschaft, in: LECHNER 1972

85 MANGOLDT 1966

86 Fritz Kremser: Asphaltierte Landschaft, in: DUVE 1979, S.133

87 Bonner General-Anzeiger vom 10.5.1979: Neuer Vorstoß zum Kilometergeld

88 Bonner General-Anzeiger vom 6.10.1978: Ablaß von Parkplatz-Verpflichtung kostet in der City jetzt 12600 DM

89 Bonner General-Anzeiger vom 20.3.1980: Kilometergeld für radelnde Schüler

90 STATISTISCHES JAHRBUCH, VERKEHR IN ZAHLEN

91 Dieter Garbrecht: Zu Fuß gehen, in: DUVE 1979

92 MÜNCH 1974

93 ILLICH 1974, S. 34

94 ILLICH 1974, S. 43

95 Reinhard Seifert: Radar und Einsicht, in: Gute Fahrt, 8/78

96 GUNNARSSON 1971, S.65 ff

97 BUNDESANSTALT FÜR STRASSENWESEN 1974, S.187 ff

98 Bonner General-Anzeiger vom 26.1.1980: Verkehrsexperten für Unfallschreiber

99 Bonner General-Anzeiger vom 22.3.1980: »Unsozial«

100 OETTLE 1967, S.66

101 Bonner General-Anzeiger vom 27.1.1979

102 Michael Höppner: Fahrradverkehr als Beitrag zur prinzipiellen Verkehrsberuhigung, in: DUVE 1979

103 Bonner General-Anzeiger vom 21.3.1980: Experten: Tempo 30 wenig sinnvoll

104 Die Werte gehen von einer Fußgängergeschwindigkeit von 5 km/h, einer Fahrradbeschleunigung von 0 auf 20 km/h in 4 Sekunden und der Breite einer vierspurigen Bundesstraße von 12 Meter aus.

105 Bonner General-Anzeiger vom 5.4.1980: Schaden größer als der Nutzen

Literatur

AMERY 1976, Carl: Natur als Politik, Rowohlt, Reinbek bei Hamburg

ASENJO 1972, Bernardo Rabassa: Psychologie und Werbung, Sauer-Verlag, Heidelberg

BACKMAN 1971, Jules: Werbung und Wettbewerb, Econ Verlag, Düsseldorf

BERGER 1973, Hermann-Josef, Gerhard Bliersbach, Rolf G. Dellen: Macht und Ohnmacht auf der Autobahn. Reihe Mensch im Verkehr, Heft 19, herausgegeben von der Forschungsgemeinschaft »Der Mensch im Verkehr« e.V. Köln, Tetzlaff-Verlag, Frankfurt am Main

BLUMER 1973, Walter: Motorisierung, Seuche des Jahrhunderts, Rentsch Verlag, Erlenbach-Zürich

BOCKSTAHLER 1973, Karl B. et al.: Arbeitsfeld Werbung, Aspekte Verlag, Frankfurt am Main

BÖHM 1966, Helmut: Alte Menschen als Fußgänger im Straßenverkehr, Bundesverkehrwacht Bonn, Drucksache Nr. 47

BRAUN 1974, Michael: Umweltschutz experimentell, Chemie Sekundarstufe II, BLV Verlagsgesellschaft mbH, München

BUNDESANSTALT FÜR STRASSENWESEN 1974, Die Entwicklung der Straßenverkehrsunfälle in der Bundesrepublik Deutschland und in Berlin (West), Zusammenfassender Bericht der Forschungsgruppe »Entwicklung der Straßenverkehrsunfälle in der Bundesrepublik Deutschland 1970/71«, Schriftenreihe Unfall- und Sicherheitsforschung -Straßenverkehr, Heft 1. Herausgeber: Bundesanstalt für Straßenwesen, Köln

CHEVALIER 1976, Jean-Marie: Energie — die geplante Krise, Fischer Taschenbuch Verlag, Frankfurt am Main

COMMONER 1977, Barry: Energieeinsatz und Wirtschaftskrise, Rowohlt Taschenbuch Verlag, Reinbek bei Hamburg

DEISCHL 1972, Erwin: Umweltbeanspruchung und Umweltschäden durch den Verkehr in der BRD, München

DÖBLER 1973, Hannsferdinand: Stadt, Technik, Verkehr, Döblers Kultur und Sittengeschichte der Welt, Bertelsmann Verlag, München

DOLLINGER 1972, Hans: Die totale Autogesellschaft, Hanser Verlag, München

DOLLINGER 1973, Hans: Schwarzbuch der Weltgeschichte, Südwest Verlag, München

DUVE 1979, Freimut (Hrsg.): Technologie und Politik Bd.14, Verkehr in der Sackgasse, Rowohlt Taschenbuch Verlag, Reinbek bei Hamburg

ENGELHARDT 1977, Wolfgang: Umweltschutz, Bayrischer Schulbuch-Verlag, München

FIALA 1969, F.: Zur Verletzungsmechanik bei Verkehrsunfällen, in: O. Pribilla (Hrsg.): Beiträge zur Untersuchung und Dokumentation des tödlichen Verkehrsunfalls, Berlin

FRISCH 1977, Franz: 100 X Energie, Bibliographisches Institut, Mannheim, Wien, Zürich

GASSNER 1974, Edmund, Heinrich Richard: Sicherung von Schulwegen, Bonn, unveröffentlichter Forschungsbericht, zitiert nach SCHLEIERMACHER 1976

GOBRECHT 1970, H.: Bergmann-Schaefer, Lehrbuch der Experimentalphysik, Bd.1, Mechanik, Akustik, Wärme, de Gruyter, Berlin

GÖGLER 1966, Eberhard: Unfallopfer im Straßenverkehr, Documenta Geigy, Series chirurgica Nr. 5, Basle

GORZ 1977, André: Ökologie und Politik, Rowohlt Taschenbuch Verlag, Reinbek bei Hamburg

GRUHL 1975, Herbert: Ein Planet wird geplündert, S. Fischer, Frankfurt am Main

GUNNARSSON 1971, Bo: Japans ökologisches Harakiri, deutsche Ausgabe im Rowohlt Taschenbuch Verlag, Reinbek bei Hamburg, 1974

GUTJAHR 1974, Gert: Markt- und Werbepsychologie, Teil 2, Sauer Verlag, Heidelberg

HARTMANN 1978, Peter: Der Verkehrsunfall, Beck-Rechtsinformation, Deutscher Taschenbuch Verlag dtv 5083. Stand: 1. Mai 1978

HELLBRÜGGE 1970, Theodor Alexander: Ein kasuistischer Beitrag über das Verhalten des kindlichen Pulses während einer Autofahrt im Großstadtverkehr, gemessen mit einer Telemetriesendeanlage, Dissertation, München

HIPPEL 1975, Eike von: Soziale Sicherung gegen Unfälle im Straßenverkehr? Unter besonderer Berücksichtigung der Rechtsvergleichung, in: Deutscher Sozialgerichtsverband (Hrsg.), Verbandstagung Berlin: Soziale Sicherung gegen Unfälle im Straßenverkehr? Schriftenreihe des Deutschen Sozialgerichtsverbandes Bd. XIII, Asgard-Verlag, Bonn-Bad Godesberg

HOEN 1968, Karl Heinz: Alkohol am Steuer, München

HOLZSCHUHER 1969, Ludwig Freiherr von: Psychologische Grundlagen der Werbung, Girardet Verlag, Essen

HUNDHAUSEN 1975, Carl: Propaganda, Girardet Verlag, Essen

ILLICH 1974, Ivan: Die sogenannte Energiekrise oder Die Lähmung der Gesellschaft, Rowohlt Taschenbuch Verlag, Reinbek bei Hamburg

ILLICH 1975, Ivan: Selbstbegrenzung, Rowohlt, Reinbek bei Hamburg

KLINCKOWSTROEM 1959, Carl Graf von: Knauers Geschichte der Technik, Droemersche Verlagsanstalt, München, Zürich

KNABE 1972, Heinrich: Dein Kind im Straßenverkehr, München

KOORDINIERTES INVESTITIONSPROGRAMM für die Bundesverkehrswege bis zum Jahre 1985, Hrsg: Der Bundesminister für Verkehr, 1977

LECHNER 1972, Karl (Hrsg.): Analysen zur Unternehmenstheorie, Duncker & Humblot, Berlin

LINSER 1977, Jörg: Unser Auto — eine geplante Fehlkonstruktion, Fischer Taschenbuch Verlag, Frankfurt am Main

LÖBSACK 1957, Theo: Der Atem der Erde, Biederstein Verlag, München

MANGOLDT 1966, Hermann von, Friedrich Klein: Das Bonner Grundgesetz, Vahlen Verlag, Berlin, Frankfurt am Main

MARBURGER 1974, Ernst-Albrecht: Die ökonomische Beurteilung der städtischen Umweltbelastung durch Automobilabgase, Düsseldorf

MEINHOLD 1978, R., H. Pätz: Erdöl und Erdgas — vom Plankton bis zur Pipeline, BSB B. G. Teubner Verlagsgesellschaft, Leipzig

METZGER, Wolfgang: Die Entwicklung von Erkenntnisprozessen, in: H. Thomae (Hrsg.): Entwicklungspsychologie, Handbuch der Psychologie, Bd.3

MICHAELIS 1961, Paul: Kinder und Verkehrsunfälle, Stoytscheff-Verlag, Darmstadt

MUCCHIELLI 1972, Roger: Psychologie der Werbung, Otto Müller Verlag, Salzburg

MÜNCH 1974, Ingo von (Hrsg.): Grundgesetz, Bd.1, Kommentar, Athenäum Verlag, Frankfurt am Main

NEUMAIER 1978, Herbert: Die Steuerung des städtischen Straßenverkehrs unter dem Gesichtspunkt des Umweltschutzes, Minerva Publikation München

OERTER 1967, Rolf: Moderne Entwicklungspsychologie, Verlag Ludwig Auer, Donauwörth

OETTLE 1967, Karl: Verkehrspolitik, Poeschel-Verlag, Stuttgart

PETER-HABERMANN 1979, Inge: Kinder müssen verunglücken. Von der Aussichtslosigkeit, bei uns Kinder vor Autos zu schützen, Rowohlt Taschenbuch Verlag, Reinbeck bei Hamburg

ROSENSTIEL 1969, Lutz von: Psychologie der Werbung, Komar-Verlag, Rosenheim

SAMPSON 1976, Anthony: Die Sieben Schwestern, Rowohlt Verlag, Reinbeck bei Hamburg

SCHLEIERMACHER 1976, Bernhard: Unfälle, Verhalten und Risiko von Fußgängern, Dissertation, Köln

SCHUG 1976, Christoph: Lösungskonzepte zum Umweltproblem — Praktikabilitätsüberlegungen für den Anwendungsfall Kraftfahrzeugverkehr. Gesellschaft für wirtschafts- und verkehrswissenschaftliche Forschung e.V., Bonn

SCHULTZE 1972, Hermann (Hrsg.): Umwelt-Report, Umschau Verlag Breidenstein KG, Frankfurt am Main

SCHUMACHER 1977, E. F.: Die Rückkehr zum menschlichen Maß, Rowohlt Verlag, Reinbek bei Hamburg

STATISTISCHES JAHRBUCH für die Bundesrepublik Deutschland, herausgegeben vom Statistischen Bundesamt, Stuttgart 1952 - 1978

STEGMANN 1978, O. J.: Verkehrsunfall, Kommentator Verlag, Frankfurt am Main

TREUE 1965, Wilhelm: Achse, Rad und Wagen, Bruckmann Verlag, München

TÜV-AUTO-REPORT '77, Herausgegeben von der »Vereinigung der Technischen Überwachungsvereine e.V.«

ULRICH 1971, Key L.: Lärm macht krank. In: Uwe Schultz (Hrsg.): Umwelt aus Beton oder Unsere unmenschlichen Städte, Rowohlt Taschenbuch Verlag, Reinbeck bei Hamburg

UMWELTPROGRAMM 1970, Umweltprogramm der Bundesregierung, herausgegeben vom Bundesministerium des Innern, Kohlhammer Verlag, Stuttgart, Berlin, Köln, Mainz

URSPRUNG 1973, Heinrich (Hrsg.): Sicherheit im Straßenverkehr, Eidgenössische Technische Hochschule, Zürich

VDI 1974, Verein Deutscher Ingenieure: EG-Enquête, Untersuchung der Umweltbelästigung und Umweltschädigung durch den Straßenverkehr in Stadtgebieten, Lärm und Abgase, Düsseldorf

VERKEHR IN ZAHLEN, herausgegeben vom Bundesminister für Verkehr, Bonn 1973 - 1979

VOIGT 1965, Fritz: Verkehr. Zweiter Band: Die Entwicklung des Verkehrssystems, Duncker & Humblot, Berlin

WEINZIERL 1974, Hubert: Das große Sterben, Gersbach & Sohn, München

WELTATLAS ERDÖL UND ERDGAS, Westermann Verlag, Braunschweig 1976

ZISWILER 1965, V.: Bedrohte und ausgerottete Tiere, Heidelberg